KÖNIGS ERLÄUTERUNGEN

Band 341

W0172013

Textanalyse und Interpretation zu

Jenny Erpenbeck

GEHEN, GING, GEGANGEN

Sabine Hasenbach

Alle erforderlichen Infos für Abitur, Matura, Klausur und Referat
plus Musteraufgaben mit Lösungsansätzen

Zitierte Ausgabe:
Erpenbeck, Jenny: *Gehen, ging, gegangen*. Stuttgart: Klett Verlag, 2017.
(Zitiert als **K**)
Erpenbeck, Jenny: *Gehen, ging, gegangen*. München: Penguin Verlag, 2017.
(Zitiert als **P**)

Über die Autorin dieser Erläuterung:
Sabine Hasenbach hat Mineralogie (mit den Nebenfächern Mathematik, Physik
und Chemie) an den Universitäten Köln und Bonn sowie Literaturwissenschaft
(mit den Nebenfächern Psychologie und Soziologie) an der FernUniversität
in Hagen studiert, wo sie mit einer Arbeit über Katherine Mansfield graduiert
worden ist. Sie wohnt in Düsseldorf und arbeitet an der dortigen Heinrich-Heine-
Universität. In ihrer Freizeit läuft sie Langstrecke.

1. Auflage 2018
ISBN: 978-3-8044-2039-7
PDF: 978-3-8044-6039-3, EPUB: 978-3-8044-7039-2
© 2018 by Bange Verlag GmbH, 96142 Hollfeld
Alle Rechte vorbehalten!
Titelabbildung: picture alliance / ROPI
Druck und Weiterverarbeitung: Tiskárna Akcent, Vimperk

4. REZEPTIONSGESCHICHTE

5. MATERIALIEN

1. DAS WICHTIGSTE AUF EINEN BLICK – SCHNELLÜBERSICHT

Damit sich jeder Leser in unserem Band rasch zurechtfindet und das für ihn Interessante gleich entdeckt, hier eine Übersicht.

Im 2. Kapitel beschreiben wir das Leben Jenny Erpenbecks und stellen den **zeitgeschichtlichen Hintergrund** dar:

S. 9
→ Jenny Erpenbeck wurde am **12. März 1967** in Berlin geboren, wo sie derzeit lebt.

S. 12
→ Zeitgeschichtlicher Hintergrund ihrer Romans ist die **Besetzung des Berliner Oranienplatzes** durch afrikanische Flüchtlinge von Oktober 2012 bis April 2014. *Gehen, ging, gegangen* ist der **deutschen Gegenwartsliteratur** zuzuordnen.

Im 3. Kapitel bieten wir eine **Textanalyse und -interpretation**.

Gehen, ging, gegangen – Entstehung und Quellen:

S. 19
Erpenbeck führte Gespräche mit den ehemaligen Besetzern des Oranienplatzes und begleitete sie ein Jahr durch ihr Leben.
2015: Publikation des Romans als gebundene Ausgabe im Knaus Verlag, München.
2017: Publikation der Taschenbuchausgabe im Penguin Verlag, München.

Inhalt:

S. 22
Mit einem Protestcamp auf dem Berliner Oranienplatz fordern afrikanische Flüchtlinge Bleiberecht und Arbeit. Richard, ein frisch emeritierter Professor für Altphilologie, wird durch die Medien auf sie aufmerksam und sucht Kontakt mit ihnen. Angesichts der aus-

sichtslosen Situation der Afrikaner, die inzwischen nach Abspra-
chen mit dem Senat den Platz geräumt und verschiedene Unterkünfte bezogen haben, wird Richard zum Helfer und Handelnden.
Er begleitet die Afrikaner bei Behördengängen, kauft für die Familie eines ghanaischen Flüchtlings ein Stück Land und macht aus
seinem Haus für die inzwischen mit dem Ausreisebescheid kon-
frontierten Männer eine Heimunterkunft.

Aufbau, Chronologie und Schauplätze:

→ Erpenbeck arbeitet in *Gehen, ging, gegangen* mit dem struktur-   ⇨ S. 65
  bildenden Element der Montage: sprachliche, stilistische und
  inhaltlich unterschiedliche Texte werden zusammengefügt und
  arrangiert.
→ Die Handlung (Narrativ) des überwiegend chronologisch
  erzählten Romans ereignet sich von August 2013 bis zum
  Frühjahr 2014. Schauplatz ist Berlin.

Hauptpersonen:

Hauptfigur ist **Richard**, um den sich alle anderen gruppieren: ⇨ S. 70
→ emeritierter Professor und Witwer, einsam
→ unterstützt die Flüchtlinge
Flüchtlinge:
→ **Raschid** (Nigerianer, „der Blitzeschleuderer")   ⇨ S. 73
→ **Osarobo** (aus Niger, löst bei Richard Vatergefühle aus)   ⇨ S. 75
→ **Karon Anubo** (Ghanaer, muss seine Familie ernähren)   ⇨ S. 77
→ **Awad** (Ghanaer mit posttraumatischer Belastungsstörung)   ⇨ S. 79
→ **Apoll, der Junge** (Tuareg aus Niger, fasziniert Richard)   ⇨ S. 81
→ **Ithemba** (Nigerianer, Koch)   ⇨ S. 82
→ **Rufu** (aus Burkina Faso, zutiefst einsam)   ⇨ S. 83

Richards Freunde und weitere Nebenfiguren.   ⇨ S. 84

Stil und Sprache:

⇨ S. 94

Jenny Erpenbeck arbeitet mit

→ einer einfachen, zurückgenommenen Erzählersprache
→ einer individuell geprägten Figurensprache
→ wechselndem Erzählverhalten (auktorial dominiert)
→ erlebter Rede
→ Motivwiederholungen mit verknüpfender Funktion

Interpretationsansätze:

Auf folgende Interpretationsansätze gehen wir näher ein:

⇨ S. 105
→ Flucht und Vertreibung
⇨ S. 108
→ Über das Wesen der Zeit

2. JENNY ERPENBECK: LEBEN UND WERK

2.1 Biografie

JAHR	ORT	EREIGNIS	ALTER
1967	Berlin (DDR)	Jenny Erpenbeck wird am 12. März als Tochter der Übersetzerin Doris Erpenbeck und des Physikers und Psychologen John Erpenbeck geboren.	
1985	Berlin	Erpenbeck legt das Abitur ab.	18
1985–1987	Berlin	Ausbildung zur Buchbinderin	18–20
1987–1988	Berlin	Jenny Erpenbeck arbeitet als Requisiteurin und Ankleiderin an diversen Theatern.	20–21
1988–1990	Berlin	Studium der Theaterwissenschaften an der Humboldt-Universität	21–23
1990–1994	Berlin	Studium der Musiktheaterregie an der Hochschule für Musik „Hanns Eisler" Berlin	23–27
1995–1997	Graz	Erpenbeck übernimmt die Regieassistenz am Opernhaus.	28–30
1998		Inszenierungen als freie Regisseurin an deutschen und österreichischen Häusern, u. a. an der Berliner Staatsoper	31
1999	Berlin	Erpenbeck gibt ihr schriftstellerisches Debüt mit dem Roman *Geschichte vom alten Kind*.	32
2001	Berlin / Klagenfurt	Der Erzählband *Tand* erscheint. Für die darin enthaltene Erzählung *Sibirien* wird Erpenbeck mit dem Preis der Jury beim Ingeborg-Bachmann-Wettbewerb in Klagenfurt ausgezeichnet. Mehrere Aufenthaltsstipendien (Ledig Rowohlt House in New York, Künstlerhaus Schloss Wiepersdorf)	34

Jenny Erpenbeck (*1967)
© picture alliance / Donatella Giagnori / Eidon/MAXPPP/ dpa

2.1 Biografie

JAHR	ORT	EREIGNIS	ALTER
2002	Berlin	Geburt ihres Sohnes. Vater ist der Dirigent Wolfgang Bozic.	35
2004	Berlin	Der Roman *Wörterbuch* wird publiziert. Erpenbeck erhält den GEDOK-Literaturförderpreis.	37
2006	Sylt	Erpenbeck ist Stipendiatin der Stiftung kunst:raum sylt quelle (Sylter Inselschreiberin).	39
2007–2008	Frankfurt	Erpenbeck schreibt als Kolumnistin für die FAZ[1].	40
2008	Frankfurt/Main	Der Roman *Heimsuchung* erscheint. Dafür wird Erpenbeck mit dem Solothurner Literaturpreis, dem Heimito-von-Doderer-Literaturpreis und dem Hertha-Koenig-Literaturpreis ausgezeichnet.	41
2009	Berlin	Publikation gesammelter Kolumnen *Dinge, die verschwinden*.	42
	Hannover	Erpenbeck erhält den Preis der LiteraTour Nord.	
2010	Eisenhüttenstadt	Auszeichnung Erpenbecks mit dem Literaturpreis der Stahlstiftung Eisenhüttenstadt	43
2012	München	Erscheinung des Romans *Aller Tage Abend*	45
2013	Darmstadt	Erpenbeck wird Mitglied der Deutschen Akademie für Sprache und Dichtung Darmstadt.	46
	Aalen	Sie erhält den Schubart-Literaturpreis der Stadt Aalen, den Evangelischen Buchpreis für *Aller Tage Abend*, den Joseph-Breitbach-Preis der Stadt Koblenz und den Thomas-Valentin-Literaturpreis.	
	Koblenz		
	Lippstadt		

----

1 *Frankfurter Allgemeine Zeitung*, renommierte Tageszeitung.

2.1 Biografie

JAHR	ORT	EREIGNIS	ALTER
2014	Neumünster Berlin Lüneburg	Auszeichnung Erpenbecks mit dem Hans-Fallada-Preis der Stadt Neumünster und dem Ver.di-Literaturpreis Berlin-Brandenburg für *Aller Tage Abend*. Erpenbeck übernimmt die Heinrich-Heine-Gastdozentur an der Leuphana Universität.	47
2015	München Berlin	**Publikation von *Gehen, ging, gegangen*.** Das Buch wird auf die Shortlist des Deutschen Buchpreises gesetzt. Erpenbeck erhält den Independent Foreign Fiction Prize, den Europäischen Literaturpreis sowie den International Booker Prize für *Aller Tage Abend*. Sie wird Mitglied der Berliner Akademie der Künste.	48
2016	Lübeck	Thomas-Mann-Preis	49
2017	Hannover	1. April: Uraufführung der Oper *Lot* von Giorgio Battistelli mit einem Libretto von Jenny Erpenbeck.	50

2.2 Zeitgeschichtlicher Hintergrund

2.2 Zeitgeschichtlicher Hintergrund

ZUSAMMEN-
FASSUNG

Der Berliner Oranienplatz wurde von Oktober 2012 bis April 2014 von afrikanischen Flüchtlingen besetzt, die dadurch Bleiberecht und Arbeitserlaubnis zu erzwingen hofften. Durch eine Vereinbarung mit dem Senat wurde der Platz schließlich geräumt. Diese Thematik steht im Mittelpunkt von Erpenbecks Roman *Gehen, ging, gegangen*.

Die Flüchtlinge auf dem Berliner Oranienplatz

Protest gegen
die deutsche
Asylpolitik

Im Herbst 2012 zogen zahlreiche afrikanische Flüchtlinge[2] unter Verstoß der Residenzpflicht[3] aus dem gesamten Bundesgebiet nach Berlin, um gegen die deutsche Asylpolitik im Allgemeinen und die Unterbringung in „Lagern, gegen die Residenzpflicht und gegen das Arbeitsverbot" im Besonderen zu protestieren.[4] Zuerst ließen sie sich am Brandenburger Tor nieder, dann besetzten sie den Kreuzberger Oranienplatz, wo sie in Zelten kampierten. Der damalige grüne Bezirksbürgermeister Franz Schulz ließ sie gewähren. Im Dezember 2012 besetzten 100 Flüchtlinge vom Brandenburger Tor und vom Oranienplatz die leer stehende Gerhart-Hauptmann-Schule. Erpenbeck verweist darauf auf S. 29 K/S. 33 P[5] ihres Romans.

---

2 Zur Flüchtlingsproblematik und Fluchtgründe siehe auch Kapitel 5, Materialien, Die Flüchtlingskrise, S. 117 ff.

3 Residenzpflicht: Der Asylsuchende hat sich in dem Bezirk aufzuhalten, in dem sich die zuständige Aufnahmeeinrichtung befindet.

4 http://www.rbb-online.de/politik/thema/fluechtlinge/hintergrund/Chronologie-Gerhart-Hauptmann-Schule.html

5 Die Abkürzung „K" steht für die Klett-Ausgabe, die Abkürzung „P" für die Penguin-Ausgabe. Vgl. zitierte Ausgaben.

2.2 Zeitgeschichtlicher Hintergrund

Schule und Oranienplatz entwickelten sich in der Folge zu rechtsfreien Räumen. Schwerpunkt der politischen Debatten über das Vorgehen der Afrikaner war der Oranienplatz. Frank Henkel, CDU-Innensenator Berlins, wollte die Verhältnisse nicht länger hinnehmen und prüfte im August 2013 die rechtlichen Möglichkeiten einer Räumung ohne Zustimmung der Bezirksregierung. Dieses Vorhaben konnte nicht realisiert werden. Lebten die Afrikaner bisher in Zelten, begannen sie im März 2014 mit dem Bau von Holzbuden. Mit dieser Entwicklung konfrontiert machte Dilek Kolat, Senatorin für Integration (SPD), den Flüchtlingen ein Angebot: Sie sollten den Oranienplatz sowie die Gerhart-Hauptmann-Schule räumen. Als Dankeschön bot der Senat einen Wohnheimplatz, Hilfe zum Lebensunterhalt und eine gründliche, individuelle Prüfung der persönlichen Situation an.

Problematische Verhältnisse

Angebot des Senats

Einige der Protestierenden hofften auf eine Verbesserung ihrer Situation und wollten kooperieren, andere trauten dem Angebot nicht und befürchteten, sich erneut in überfüllten Mehrbettzimmern wiederzufinden, um dann abgeschoben zu werden. Dies führte zur Spaltung der Gruppe.

Im April 2014 bauten die kooperativen Afrikaner ihre Hütten und Zelte ab und bezogen Unterkünfte in Friedrichshain und Marienfeld. Die Räumung verlief zunächst friedlich. Im Laufe des Tages spitzte sich die Situation dann allerdings zu, es kam zu Auseinandersetzungen und tumultartigen Szenen, ausgelöst durch einige wenige Flüchtlinge, die den Platz nicht verlassen wollten, und eine große Zahl linker Aktivisten, die sich auf die Seite der Ausharrenden geschlagen hatten. Schließlich griff die Polizei ein.

April 2014: Räumung

Beinahe alle Anträge jener Flüchtlinge vom Oranienplatz, die sich nach der Räumung vom Senat registrieren ließen, wurden abgelehnt. Sie sollten in die Bundesländer zurückkehren, wo sie sich entsprechend der Residenzpflicht aufzuhalten hatten und wo ihre

⇨ Vgl. auch Materialien, S. 117

2.2   Zeitgeschichtlicher Hintergrund

Flüchtlinge campieren auf dem Oranienplatz, um für ihr Bleiberecht in Deutschland zu protestieren.
© picture alliance / dpa

2.2   Zeitgeschichtlicher Hintergrund

Asylverfahren bereits liefen, oder in das EU-Land, in das sie als erstes nach ihrer Flucht eingereist waren (Dublin II[6]). In den meisten Fällen war das Italien.

Moderne deutschsprachige Literatur: Flucht und Asyl

Die Schutzbefohlenen (2013) von Elfriede Jelinek.[7] Der Text ist eine scharfe Kritik der europäischen Asylpolitik vor dem Hintergrund einer Kirchenbesetzung durch 60 Asylanten vom Januar 2013 in Wien und der Havarie eines Flüchtlingsschiffes 2013 vor Lampedusa mit Hunderten von Toten.

Mein Vaterland war ein Apfelkern (2014) von Herta Müller.[8] Die in Rumänien geborene Herta Müller erzählt autobiografisch von der Auseinandersetzung mit einem kommunistischen Regime, ihrer Emigration und dem Ankommen in einem für sie fremden Deutschland 1987.

Gehen, ging, gegangen (2015) von Jenny Erpenbeck.

Die Texte thematisieren den Verlust der Heimat und die europäische Asylpolitik.

---

6   Dublin-II-Abkommen: Das von einem Flüchtling erstmals betretene europäische Land ist für dessen Asylverfahren zuständig. Vgl. auch Kapitel 5, Materialien, Rechtlicher Umgang mit Flüchtlingen in Deutschland, S. 120.
7   Literaturnobelpreisträgerin 2004.
8   Literaturnobelpreisträgerin 2009.

2.3 Angaben und Erläuterungen zu wesentlichen Werken

2.3 Angaben und Erläuterungen zu wesentlichen Werken

ZUSAMMEN-FASSUNG

Jenny Erpenbeck thematisiert in ihren Romanen die Korrelation von Biografie und Historie. Ihr Romanerstling *Geschichte vom alten Kind* (1999) ist in dieser Hinsicht ein Solitär, da er sich nur auf den biografischen Aspekt beschränkt. Der Roman *Gehen, ging, gegangen* (2015) zeigt gebrochene Biografien vor dem Hintergrund der aktuellen Flüchtlingskrise.

Biografie und Historie

Geschichte vom alten Kind: rätselhafte Existenz

In ihrem Romandebüt **Geschichte vom alten Kind** von 1999 erzählt Erpenbeck eine Art Kaspar-Hauser-Geschichte.[9] In einer Berliner Geschäftsstraße wird ein dickes und ungewöhnlich großes Kind gefunden. Der hinzugerufenen Polizei kann es nur sagen, dass es 14 Jahre alt ist. Das Geschöpf kommt in ein Kinderheim, wo es sich vollkommen zurückzieht. Als es aufgrund seiner Adipositas schließlich schwer erkrankt, stellt sich heraus, dass es sich um eine 30-jährige Frau handelt.

Wörterbuch: Sprache und Existenz

Der Roman **Wörterbuch** von 2004 basiert auf einem authentischen Fall: Während der Militärdiktatur in Argentinien 1976 bis 1983 wurde ein Mädchen von den Mördern seiner Eltern großgezogen. Erpenbeck übernimmt dies als Modell für ihren Roman. Die Handlung vollzieht sich in einem namenlosen totalitären Staat und die Hauptfigur beginnt, die Bedeutung von Wörtern zu hinterfragen, wodurch sich Stück für Stück ihre wahre Biografie entfaltet.

---

9 Kaspar Hauser: Ein 1828 in Nürnberg entdecktes, elternloses Kind, dessen Identität nicht geklärt werden konnte.

2.3 Angaben und Erläuterungen zu wesentlichen Werken

Erpenbeck spürt nach, wie Machtstrukturen in Sprache eingehen und zeigt, dass Sprache ein Vehikel der Gewalt sein kann. Gleichzeitig hat sie hier ihr Thema gefunden: Die Korrelation von Biografie und Historie.

Dieses Thema nimmt sie in dem Roman **Heimsuchung** von 2008 erneut auf. Erpenbeck erzählt anhand der Bewohner eines an einem märkischen See gelegenen Sommerhauses von politischen Umbrüchen der letzten hundert Jahre. Sie spiegeln sich in den Lebensläufen der verschiedenen Bewohner. Das Haus ist dabei sowohl Schauplatz als auch Metapher: Schauplatz für menschliches und politisches Schicksal, Metapher für das Vergehen der Zeit und der Spuren, die das Vergehen hinterlässt.

Heimsuchung: Werden und Vergehen

In dem mehrfach ausgezeichneten Roman **Aller Tage Abend** von 2012 perfektioniert Erpenbeck ihr Thema. *Aller Tage Abend* ist eine Fünffach-Biografie. Entsprechend besteht der Roman aus fünf in sich abgeschlossenen Büchern, an deren Ende die Protagonistin jeweils stirbt. Im ersten Teil erzählt Erpenbeck von einem jüdischen Kind, das 1902 in der galizischen Stadt Brody geboren wird und acht Monate später verstirbt. Durch die Darstellung des mütterlichen Trauerrituals porträtiert Erpenbeck die damalige osteuropäisch-jüdische Alltagskultur. Im zweiten Teil des Buches findet der Leser eine alternative Biografie. Das Kind ist inzwischen eine 18 Jahre alte junge Frau, die mit ihrer Familie in Wien lebt. Im dritten Teil des Romans lebt die Protagonistin 1939 in Moskau, wohin sie als Kommunistin mit ihrem deutschen Mann geflohen war. Es ist die Zeit der Schauprozesse, und ihren eigenen überlebt sie nicht. Die vierte Alternativbiografie führt nach Ost-Berlin im Jahr 1962, wo die Protagonistin als hochdekorierte DDR-Schriftstellerin in einem Ostberliner Pflegeheim lebt und dort auch ihr Leben beendet. Im fünften und letzten Teil des Buches erlebt die Protagonistin als Greisin in einem Berliner Pflegeheim den Zusammenbruch der DDR

Aller Tage Abend: mögliche Biografien im 20. Jahrhundert

2.3 Angaben und Erläuterungen zu wesentlichen Werken

1999	2004	2008	2012	2015
Geschichte vom alten Kind	Wörterbuch	Heimsuchung	Aller Tage Abend	Gehen, ging, gegangen

1989. Somit erzählt *Aller Tage Abend* eine mögliche Biografie und ist gleichzeitig ein Portrait des 20. Jahrhunderts.

Gehen, ging, gegangen

Gehen, ging, gegangen von 2015 schließlich thematisiert mit der Flüchtlingskrise ebenfalls ein historisches Geschehen verbunden mit der Darstellung individueller Flüchtlingsbiografien.

3. TEXTANALYSE UND -INTERPRETATION

3.1 Entstehung und Quellen

ZUSAMMEN-FASSUNG

Erpenbeck verfasste *Gehen, ging, gegangen* aus Interesse an gebrochenen Biografien und ungewöhnlichen Fluchtgeschichten. Sie sprach mit ehemaligen Besetzern des inzwischen geräumten Oranienplatzes und begleitete sie ein Jahr durch ihr Leben.
→ 2015: Veröffentlichung des Romans als gebundene Ausgabe im Knaus Verlag, München
→ 2017: Publikation der Taschenbuchausgabe im Penguin Verlag, München

Familiengeschichte

In einem Interview mit dem Journalisten Thomas Frey[10] äußerte sich Jenny Erpenbeck zur Entstehung von *Gegen, ging, gegangen*. Selbst in einer Familie aufgewachsen, zu deren Geschichte **Flucht und Vertreibung** gehören, interessierten sie „schon immer die Brüche in Biografien, die Übergänge"[11]. Außerdem verfolgte sie „schon seit vielen Jahren die Fluchtgeschichten von Menschen, die aus Ländern, die wir kaum kennen, zu uns kommen"[12]. Ihr familiärer Hintergrund, ihr Interesse an schwierigen Lebensläufen und ihre Recherche exotischer Fluchtgeschichten ließen sie schließlich *Gehen, ging, gegangen* schreiben.

---

10 http://www.focus.de/kultur/buecher/literatur-jenny-erpenbeck-von-fluechtlingen-lernen_id_4919001.html
11 Ebd.
12 Ebd.

3.1 Entstehung und Quellen

Interesse an schwierigen Lebensläufen

In einem weiteren Interview erläutert Erpenbeck, dass sie mit ehemaligen Besetzern des Oranienplatzes zahlreiche Gespräche geführt hat:

> „Ich habe mit Flüchtlingen gesprochen und deren Geschichten im Buch verarbeitet, aber dokumentarisch ist der Roman nicht."[13]

Außerdem hat Erpenbeck diese Menschen ein Jahr durch ihr Leben begleitet. Dabei wollte sie wissen, wie sie ihre **schwierige Situation** bewältigen.

Gespräche und Recherchen

> „Nach der Räumung des Oranienplatzes bin ich in ein Heim im Wedding gegangen, in dem ein Teil der Gruppe kurze Zeit untergebracht war, und habe dort Flüchtlinge gefunden, die Englisch oder Italienisch sprachen. Ein ganzes Jahr lang habe ich dann diese Menschen in ihrem Alltag und bei vielen Quartierwechseln begleitet. In der Zeit dieser Recherche habe ich sicher weniger Zeit mit dem Schreiben verbracht, als mit den Flüchtlingen selbst. Mich interessiert, wie diese Menschen mit dem Zustand des erzwungenen, jahrelangen Wartens umgehen, womit sie sich herumschlagen müssen, was sie bewegt und wovor sie Angst haben."[14]

Über die **Rolle des Protagonisten Richard** äußert sich Erpenbeck wie folgt:

---

13 http://www.bz-berlin.de/kultur/literatur/jenny-erpenbeck-fluechtlinge-sind-zu-freunden-geworden
14 Ebd.

3.1 Entstehung und Quellen

„Richard ist Wissenschaftler, das heißt, er ist von Berufs wegen neugierig – aber er wahrt auch die Distanz des Beobachters. Und wie jeder DDR-Bürger weiß er, wie es sich angefühlt hat, wenn man nicht zur sogenannten großen, weiten Welt gehörte. Bei der Wende dann ist ja jeder DDR-Bürger durch die Erfahrung der Fremdheit hindurchgegangen, und zwar unabhängig davon, ob mit Begeisterung oder Betroffenheit. Das ist ein ungeheurer Erfahrungsvorsprung, der Richard bei seiner Begegnung mit den Flüchtlingen zugutekommt, sozusagen ein objektiver Anknüpfungspunkt für Gespräche über Fremdheit. Es ging mir nicht darum, einen Moralisten ins Zentrum meines Buches zu stellen, sondern darum, eine Bestandsaufnahme zu machen."[15]

Funktion des Protagonisten Richard

Im Jahr 2015 auf die Aktualität ihres Buches angesprochen bedauert Erpenbeck, dass sich die Verhältnisse für die Flüchtlinge nicht geändert haben: „Aber ja, es passt leider mehr denn je zur aktuellen Situation."[16]

---

15 ttp://www.focus.de/kultur/buecher/literatur-jenny-erpenbeck-von-fluechtlingen-lernen
_id_4919001.html
16 Ebd.

3.2 Inhaltsangabe

Auf dem Berliner Oranienplatz haben afrikanische Flüchtlinge, die über Italien nach Deutschland gelangt sind, ein Protestcamp aufgeschlagen. Sie protestieren für ein Bleiberecht und die Erlaubnis, arbeiten zu dürfen. Richard, ein unlängst in den Ruhestand versetzter Professor für Klassische Philologie, der nicht weiß, was er mit seiner Zeit anfangen soll, wird durch die Medien sowohl auf das Camp aufmerksam und auf eine von Flüchtlingen besetzte Schule. Angeödet von seinem Leben als Ruheständler sucht er zunächst die Flüchtlinge in der Schule auf, flieht aber angesichts der dort herrschenden Zustände. Einige Tage später fährt er zum Oranienplatz und beobachtet die Szenerie dort. Richard beschließt, mit den Afrikanern auf dem Oranienplatz Kontakt aufzunehmen.

Zwischenzeitlich verhandelt der Berliner Senat mit den Afrikanern vom Oranienplatz über dessen Räumung. Die Flüchtlinge sollen den Platz verlassen, im Gegenzug wird ihnen eine genaue Einzelfallprüfung versprochen. Die Afrikaner räumen den Oranienplatz und werden vom Senat in verschiedenen Unterkünften untergebracht, so in einem in der Nähe von Richards Haus gelegenen Altenheim. Dieses Heim sucht Richard auf. Dort lernt er zunächst Raschid, Zair, Abdusalam und Ithemba kennen, später weitere Afrikaner, unter ihnen Osarobo. Zu ihm entwickelt Richard eine besondere Beziehung, doch muss er Osarobo später eines Einbruchs verdächtigen. Alle Männer leiden unter dem, was sie erlebt haben, den Umständen ihrer Flucht und unter dem verordneten Nichtstun. Zunächst ist das Verhältnis Richards zu ihnen eher distan-

3.2 Inhaltsangabe

ziert, in der Folge ändert sich das. Er hört vom Leben der Afrikaner vor deren Flucht, von der lebensgefährlichen Fahrt über das Mittelmeer und von dem Leben als Flüchtling in Italien und Deutschland. Richard, selbst ein Flüchtlingskind, ist berührt. Er beginnt, sich mit der Asylgesetzgebung auseinanderzusetzen und sich zu engagieren. Als die Flüchtlinge auf Veranlassung des Senats in ein Heim im entfernteren Spandau verlegt werden, hält er Kontakt. Einige von ihnen lässt er gegen Bezahlung gelegentlich bei sich arbeiten, andere begleitet er bei Behördengängen. Mit Raschid feiert er Weihnachten, der Familie des Flüchtlings Karon Anubo aus Ghana kauft er ein Grundstück in deren Heimat. Inzwischen haben die Anhörungen der Flüchtlinge durch das Ausländeramt begonnen. Just zu diesem Zeitpunkt erklärt der Berliner Senat das Abkommen mit den Flüchtlingen für ungültig. Die den Männern zugehenden Bescheide der Ausländerbehörde sind durchweg negativ, sie müssen aufgrund des Dublin-II-Abkommens nach Italien zurückkehren. Nur Raschid, Awad und Ithemba bekommen aufgrund ihres schlechten Gesundheitszustandes eine Duldung für wenige Monate. Richard funktioniert sein Haus in eine Heimunterkunft um.

1

Anfang August 2013: Richard, emeritierter Professor für Klassische Philologie, verfügt jetzt über viel Zeit und macht sich Gedanken über sein Leben. An seinem Schreibtisch sitzend blickt er auf einen See. In ihm ist im Juni ein Mann beim Baden ertrunken. Seither wird der See von den Einheimischen gemieden.

Professor im Ruhestand: das Problem Zeit

3.2 Inhaltsangabe

FLUCHTROUTEN ÜBER DAS MITTELMEER

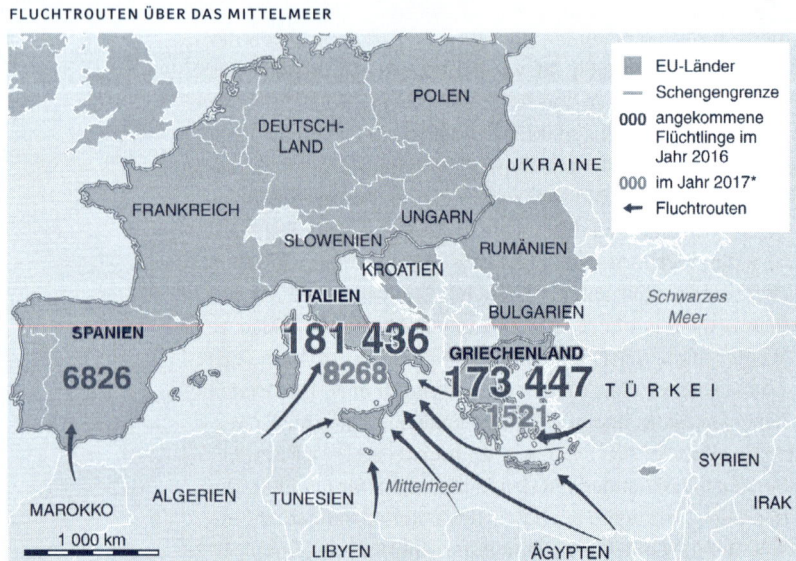

dpa 26226 Stand 06.02.2017 Quelle: UNHCR

© picture-alliance/dpa-infografik

Richard kocht sich einen Kaffee und geht in den Garten. Es geht ihm auf, dass die Zeit für ihn eine andere Bedeutung bekommen wird und dass er sein Denken nicht wird abstellen können. Er kommt zu dem Schluss, dass eine Strickjacke wohl bequemer ist und dass er sich nicht mehr rasieren muss. Er fragt sich, ob diese Haltung vielleicht ein Anfang des Sterbens ist.

2

Flüchtlinge in der Nähe des Alexanderplatzes

Ein Donnerstag Ende August: Zehn afrikanische Flüchtlinge beginnen vor dem Roten Rathaus in Berlin einen Hungerstreik (S. 15 K/S. 18 P). Drei Tage später verweigern sie auch das Trinken. Sie

3.2 Inhaltsangabe

wollen ein Bleiberecht erzwingen und eine Arbeitserlaubnis, verweigern aber die Nennung ihrer Namen. Die Beamten bestehen auf Namensnennung, da sonst keine ordnungsgemäße Bearbeitung des Asylantrags gewährleistet werden könne – die Flüchtlinge bleiben hartnäckig.

Richard geht an den Flüchtlingen vorbei und registriert sie nicht. Er denkt an die Katakomben unter dem Alexanderplatz und an seinen Besuch der polnischen Stadt Rzeszów. Eine Journalistin interviewt Polizisten über den Zustand der Streikenden (S. 18 f. K/ S. 20 f. P). Die Schwarzen haben Gesellschaft von Sympathisanten bekommen. Auf einem Campingtisch steht ein Pappschild mit den Worten *We become visible* inklusive deutscher Übersetzung: Wir werden sichtbar. Richard, auf dem Weg nach Hause, geht auf dem Weg zum Bahnhof an den Flüchtlingen samt Tisch vorbei und bemerkt sie nicht.

3

Richard bereitet das Abendessen vor. Er freut sich über sein Können, eine Zwiebel zu schneiden, und dass niemand seine Ordnung stört. Er sinniert in Sequenzen über Kriegswirren, seine gestorbene Frau und seine ehemalige Geliebte.

Er setzt sich vor den Fernseher und sieht die Nachrichten: Es wird von zehn schwarzen Flüchtlingen berichtet, die in einen Hungerstreik getreten sind und von denen einer zusammengebrochen und in ein Krankenhaus gebracht worden ist. Richard wird aufmerksam und fragt sich, warum er die Demonstration am Alex nicht bemerkt hat. Er isst sein Abendbrot und schämt sich dabei. Die TV-Journalistin berichtet von den Flüchtlingen und Richard bezweifelt ihre zur Schau gestellte Besorgnis und fragt sich, ob die TV-Bilder wirklich am Alexanderplatz aufgenommen wurden und ob Bilder Beweise sein können.

Richard hört von den Flüchtlingen vom Alexanderplatz

3.2 Inhaltsangabe

4

Ereignislose Tage

In der Nacht kann Richard nicht wieder einschlafen. Am nächsten Tag mäht er den Rasen, isst zu Mittag Erbseneintopf aus der Dose und denkt an Wortspiele, die er mit seiner Geliebten gemacht hatte. Dann liest er sein Lieblingskapitel aus der *Odyssee*. Anschließend bringt er das Rasenmäher-Messer zum Schleifen, isst zu Abend und ruft seinen Freund Peter, einen Archäologen, an, der vom Fund einer modernen Statue berichtet.

Auch den nächsten Tag verbringt Richard mit nahezu belanglosen Dingen. Am Abend hört er in der Nachrichtensendung, dass der Hungerstreik der Flüchtlinge beendet sei und diese den Platz verlassen haben. Richard bedauert das. Ihm hatte die Idee, dadurch sichtbar zu werden, dass man seine Identität verschweigt, gefallen. Er denkt an Odysseus, der sich „Niemand" genannt hatte, um aus der Höhle der Zyklopen entkommen zu können.[17]

5

Richard liest von den Schwarzen auf dem Oranienplatz und in der Schule

In den folgenden vierzehn Tagen kümmert sich Richard um Belanglosigkeiten. Wie immer liest er morgens beim Frühstück die Zeitung. Er sucht nach einer Information darüber, wohin die Schwarzen gebracht worden sind, findet aber nichts. Er liest von einer Schiffshavarie vor Lampedusa mit 64 ertrunkenen Flüchtlingen und von einem Mann aus Burkina Faso, der in einem Flugzeugfahrwerk versteckt nach Europa gelangen wollte und über Nigeria in die Tiefe stürzte. Weiter liest er von einer seit Monaten von Schwarzen besetzten Kreuzberger Schule sowie von Schwarzen, die seit einem Jahr ein Zeltlager auf dem Oranienplatz aufgeschlagen haben.

---

17 Auf die Frage des menschenfressenden Zyklopen Polyphem nach seinem Namen sagte Odysseus „Niemand" und blendete ihn. Den herbeigelaufenen übrigen Zyklopen, die wissen wollen, was geschehen ist, sagt er, dass „Niemand" ihn geblendet habe. Daraufhin kümmern sie sich nicht um ihn.

3.2 Inhaltsangabe

Richard überlegt, wo in Afrika Burkina Faso liegt und wie die Hauptstädte von Ghana, Sierra Leone und Niger heißen. In einem Atlas schlägt er nach. Er erinnert sich, dass in den 1970er-Jahren Studenten aus Mosambik oder Angola an der Universität eingeschrieben waren. Er denkt an das Kinderbuch *Hatschi Bratschis Luftballon*[18], aus dem seine Mutter ihm vorgelesen hatte und in dem Afrikaner als Menschenfresser dargestellt wurden. Und er holt aus dem Bücherregal das Buch *Negerliteratur* von 1951.

6

Richard betritt abends die besetzte Kreuzberger Schule, die einmal ein Gymnasium war. Im Treppenhaus stinkt es, die Toiletten sind in einem desolaten Zustand. Von den Etagen über ihm hört er Stimmen. In der Zeitung hatte er gelesen, dass der Senat mit Anwohnern und Flüchtlingen zur „Beratung der Lage" (S. 31 K/ S. 35 P) einlädt.

Richard sucht die besetzte Schule auf und ist irritiert

In der Aula befinden sich viele Menschen, überall liegen Matratzen herum, in der Saalmitte ist ein Zelt aufgestellt. Als Richard den Saal betritt, stellen sich die Menschen gerade vor. Nur wenige Weiße sind gekommen, darunter Anwohner aus Kreuzberg, Helfer von Flüchtlingshilfswerken, Katastrophenhilfswerk und Beamte. Auch eine Journalistin ist da, die aber wieder gehen muss, weil die Öffentlichkeit bei diesem Gespräch ausgeschlossen ist. Richard will seinen Namen nicht nennen, als es plötzlich im Treppenhaus knallt. Als die Menschen erleichtert feststellen, dass es nur ein Böller gewesen war, verlöscht das Licht und geht kurz darauf wieder an. Ein Afrikaner beginnt zu schreien, weil ihm während der Dunkelheit sein Laptop gestohlen wurde. Richard verlässt die Schule.

———

18 Kinderbuch von Franz Karl Ginzkey, erschienen 1904.

7

Richard fragt sich, warum er anonym bleiben wollte

Richard kommt durch den dunklen Garten nach Hause. Er denkt an den Toten im See. Er geht ins Haus und macht sich Gedanken über das Geschehen in der Schule. Er fragt sich, warum er in der Schule seinen Namen nicht nennen wollte. Das Wissen um den Namen ist letztlich bedeutungslos, denkt er, jeder kann lügen.

8

Richard fährt zum Oranienplatz

Richard frühstückt. Er gesteht sich ein, dass er in der Schule Angst gehabt hatte und beschließt, zum Oranienplatz zu fahren. Richard erreicht den durch behelfsmäßige Behausungen verunstalteten Platz, setzt sich auf eine Bank und beobachtet: schwarze Besetzer und weiße Sympathisanten, Spender. Er hört ein Gespräch zwischen einer Journalistin und einer weißen Sympathisantin über die Unterbringung der Flüchtlinge. *Off the record* fragt die Journalistin die knochige Frau, wie die Demonstranten die Zeit verbringen, da für sie ein Arbeitsverbot gilt. Die Gefragte erwidert, dass sie nichts tun und dass – wenn sich eine Art Lagerkoller anbahnt – eine Demonstration organisiert wird.

Richard als distanzierter Beobachter

Richard beobachtet die Szenerie. Ein Schwarzer begrüßt einen anderen mit Handschlag, eine Gruppe von fünf Männern steht beisammen, von denen einer telefoniert. Der Fahrradfahrer kurvt um den Platz herum und fährt zwischen den Männern umher. Drei weitere Männer sitzen an einem Tisch, auf dem ein Pappkarton mit der Aufschrift *Spenden* steht. Ein älterer Mann mit einer Augenverletzung sitzt auf einer Bank, ein anderer mit einer blauen Tätowierung im Gesicht klopft einem anderen auf die Schulter. Einer der Flüchtlinge spricht mit einer Sympathisantin, ein anderer sitzt in einem Zelt auf einer Liege und tippt auf seinem Handy. Zwei weitere Männer diskutieren in einer Sprache miteinander, die Richard nicht versteht. Der eine stößt den anderen vor die Brust, der Gestoßene taumelt. Der Fahrradfahrer weicht ihm aus. Die knochige Frau spricht mit einem Mann, der einen Topf in der Hand hält. Nach zweieinhalb Stunden, in denen nichts Außergewöhnliches geschehen ist, fährt Richard nach Hause.

Am Abend hört er in den Nachrichten, dass es nur noch eine Zeitfrage ist, bis die Flüchtlinge angemessen untergebracht sind. Ähnliche Formulierungen hat Richard häufig gehört im Zusammenhang mit schwierigen Situationen. Später im Bett liegend erinnert er sich an den Satz der Frau auf dem Oranienplatz, der lautet, dass eine Demonstration organisiert wird, wenn das Nichtstun quält. Ihm wird klar, warum er zwei Stunden auf dem Oranienplatz gesessen hatte. Er will über das reden, was Zeit ist, und er kann es vermutlich mit den Flüchtlingen, die sich nicht mehr in der Zeit befinden oder für die die Zeit ein Gefängnis ist.

Richards Motivation

9

In den folgenden zwei Wochen liest Richard über die Flüchtlingsproblematik und entwirft einen Katalog von Fragen, die er den Flüchtlingen stellen will. Seine Tage sind strukturiert: Frühstück, Beginn mit Lektüre bzw. Entwürfen, Mittagessen um 13.00 Uhr. Danach schläft er eine Stunde, um dann am Abend zu lesen oder weiter an seinem Fragenkatalog zu arbeiten.

Struktur und Arbeit

Es sind sehr persönliche Fragen (S. 45 K/S. 52 P), die Richard formuliert: Herkunft, Muttersprache, Familie, Wohnhaus, Kindheit und Schule. Er will nach den Gründen der Flucht fragen, ob noch Kontakt zur Familie besteht. Er will wissen, wie sich die Flüchtlinge Europa vorgestellt haben, was sie vermissen und sich wünschen, was sie ihren hier aufwachsenden Kindern über die Heimat erzählen würden, ob sie bleiben wollen, wo sie beerdigt werden wollen.

Richards Fragenkatalog

3.2 Inhaltsangabe

10

Die Afrikaner verlassen den Oranienplatz

An einem jener Tage wird der Oranienplatz geräumt, ohne dass Richard davon Notiz nimmt. Er beschäftigt sich mit der Kolonialisierung Afrikas durch den Händler Lüderitz (S. 46 K/S. 53 P)[19]. Als Richard am Tag nach der Räumung den von der Polizei umstellten Platz betritt, werden eben die letzten Reste der Behausungen fortgeschafft. Richard erfährt, dass es eine Vereinbarung zwischen Besetzern und dem Berliner Senat gibt, und ein Teil der Flüchtlinge nun in der Nähe von seinem Haus in einem leer stehenden Gebäude, das zu einem Altersheim gehört, untergebracht wurden.

11

Bürokratie und Termine

Erst ein paar Tage später sucht Richard das Heim auf, um die Flüchtlinge zu sprechen. Er wird von der Rezeptionistin ausgebremst, die darauf besteht, dass Richard erst einen Termin mit dem Leiter des Hauses braucht.

Erste Begegnung mit dem Asylrecht

Nach eineinhalb Stunden bittet der Leiter der Aufnahmeeinrichtung Richard in sein Büro und befragt ihn. Er spricht über Dublin II, Rückführung, Abschiebehaft, Asylrechtsverordnung und fragt Richard, ob er den Begriff *Aufenthaltstitel* kenne. Richard kennt ihn – ebenso wie die anderen Begriffe – nicht mit der hier angemessenen Bedeutung. Schließlich brechen beide zu den Flüchtlingen auf.

12

Desolates Gebäude

Das Ziegelgebäude ist von innen abgesperrt, wo zwei Mitarbeiter eines Sicherheitsdienstes Dienst tun. Richard wird angewiesen, beim Betreten des Gebäudes aus Brandschutzgründen seinen Ausweis vorzulegen. Sie steigen in den zweiten Stock, wo die Flüchtlinge

--- --- ---

19 Lüderitz kaufte 1883 im heutigen Namibia Land, auf dem er Bodenschätze vermutete und gründete damit praktisch die Kolonie Deutsch-Südwestafrika. Dort ist die Stadt und die Bucht auch heute noch nach ihm benannt.

untergebracht sind. Der Leiter setzt Richard davon in Kenntnis, dass die Flüchtlinge das Haus zwar verlassen dürfen, dass es aber wohl besser sei, hier mit ihnen zu sprechen.

Richard und der Leiter betreten das Zimmer, das wie ein Krankenzimmer anmutet. Richard will gehen, doch der Leiter stellt ihn als Professor vor und sagt, dass er die Flüchtlinge interviewen möchte. Ein massiger Mann nickt ihm zu und der Leiter verabschiedet sich.

Richard flieht nicht

Der massige Mann stellt sich als Raschid vor. Dann nennt er die Namen der neben ihm sitzenden Männer: Zair, Abdusalam und Ithemba (S. 52 K/S. 60 P). Richard stellt sich auf Nachfrage ebenfalls vor und beginnt mit seinem Fragenkatalog.

Richard erfährt viele für ihn verwirrende Details über die Flüchtlinge, die alle aus Nigeria stammen. Richard möchte von den Männern schließlich wissen, wie sie ihre Zeit verbringen. Raschid erzählt, dass er und die Männer arbeiten wollen, aber keine Arbeitserlaubnis bekommen, was für sie sehr schwer ist. Abdusalam klagt über die Ungewissheit. Richard weiß nicht, was er sagen soll, außerdem ist er erschöpft angesichts der anderen Welt, in die er eingetreten ist und von der er keine Ahnung hatte. Er verabschiedet sich und sagt, dass er wiederkommen wird.

Raschid, Abdusalam und Ithemba aus Nigeria

13

Am nächsten Tag geht Richard wieder zu den Flüchtlingen, darf aber ohne Betreuer nicht zu den Flüchtlingen, die jetzt „verwaltet" werden. Die Betreuerin, ein ältere Frau, bringt ihn zu Zimmer 2017, doch dort liegen nur Schlafende. Zimmer 2018 ist verschlossen. In Zimmer 2019 sitzt ein junger Mann, der deutsche Vokabeln notiert, und hinter ihm an der Wand hängt eine Liste der unregelmäßigen Verben. Richard glaubt, in dem Jungen den Fahrradfahrer vom Oranienplatz zu erkennen. Richard nimmt den einzigen Stuhl im Raum und bemerkt die in ihren Betten liegenden schlafenden Menschen.

Bürokratie

3.2 Inhaltsangabe

Er zögert, doch die Betreuerin beruhigt ihn, dass das egal sei, und geht.

„Apoll" aus Niger

Richard befragt den jungen Mann, der so aussieht, wie Richard sich Apoll immer vorgestellt hat. Der Junge erklärt, dass er aus Niger kommt und Tuareg ist. Richard weiß nichts über diese Menschen. Seine Frage nach der Familie lässt der Junge unbeantwortet. Richard begreift nach weiteren Fragen, dass der Oranienplatz für den Nomaden-Jungen nur eine Durchgangsstation war. Für den Berliner Innensenator war die Räumung des Platzes ein Beweis für politische Handlungsfähigkeit, für den Jungen war das Weggehen nichts Besonderes.

Es klopft an der Tür. Ein Mann stellt sich als Awad vor, möchte ebenfalls seine Geschichte erzählen und nennt seine Zimmernummer 2020. Dann gibt er Richard die Hand, nickt und verschwindet wieder.

Richard fragt den Jungen, ob er und die anderen Flüchtlinge Geld bekommen. Der Junge bejaht und sagt, dass er lieber arbeiten würde. Richard spürt seine Erschöpfung. Er verabschiedet sich von dem Jungen und sagt, dass er wiederkommen werde. Im Supermarkt kauft er noch ein.

14

Awad aus Ghana

Zwei Tage später besucht Richard Awad. Der möchte Richard von sich erzählen, denn er ist davon überzeugt, dass man nur dann ankommen kann, wenn man nichts verbirgt (S. 63 K/S. 73 P). Awad erzählt, dass er auch schon der Psychologin alles über sich gesagt habe. Richard fragt erstaunt nach und Awad bietet ihm an, die Psychologin anzurufen. Er macht sich daran, die Visitenkarte zu suchen – hektisch, schließlich fast verzweifelt, wobei die Suche manische Züge annimmt. Schließlich bricht er die Suche ab und entschuldigt sich bei Richard.

3.2 Inhaltsangabe

Awad erzählt Richard seine Lebensgeschichte. Geboren wurde er in Ghana, seine Mutter starb bei der Geburt. Er wurde von seiner Großmutter mütterlicherseits aufgezogen. Nach sieben Jahren holte ihn der Vater, der sich in Libyen eine Existenz aufgebaut hat, zu sich.

Awad erzählt von seinem unbeschwerten Leben mit dem Vater, das während des Bürgerkriegs mit dessen Ermordung urplötzlich endete. Leichen liegen auf den Straßen, Handys und persönliche Dinge werden von Personen in Uniform zerstört: „Broke the memory" (S. 68 K/S. 79 P). Awad selber wurde in einem Militärlager für zwei Tage interniert, die Bombardierungen durch NATO-Flugzeuge befürchtend.[20] Am dritten Tag wurde er zusammen mit anderen Internierten auf einem Boot Richtung Italien ausgesetzt. Auf der Überfahrt starben Menschen. Awad erzählt weiter, dass er neun Monate in einem Camp auf Sizilien, dann auf der Straße gelebt hatte. Er jobbte in einer Küche und finanzierte sich von dem dort verdienten Geld ein Flugticket nach Berlin: In dem Protestcamp am Oranienplatz fand er erstmals wieder etwas wie ein Zuhause.

Leben in Libyen

15

Richard überlegt, den Flüchtlingen literarische Namen zu geben, um sie unterscheiden zu können: Awad wird Tristan und den Niger-Jungen nennt er für sich Apoll.

Beim Frühstück am nächsten Tag fragt sich Richard, warum die Flüchtlinge nicht arbeiten dürfen oder warum sie nicht als Kriegsopfer gelten. Er studiert lange die Dublin-II-Verordnung. Danach

Dublin-II-Verordnung

---

20 Im Februar 2011 begann der Aufstand gegen den libyschen Staatspräsidenten Muammar al-Gaddafi. Ab März bombardierte die NATO Gaddafis Truppen, um die Rebellen zu unterstützen. Im Oktober 2011 wurde al-Gaddafi ermordet. Siehe dazu Kapitel 6, Prüfungsaufgaben mit Musterlösungen, Aufgabe 4, S. 133 ff.

ist ihm klar, dass diese Verordnung einzig die Zuständigkeit für die Verwaltung der Flüchtlinge regelt.

Besuch bei Detlef und Sylvia

Am Abend besucht er die Geburtstagsfeier seines Freundes Detlef. Dessen Frau Sylvia muss sich aufgrund einer schweren Erkrankung schonen, weshalb das Essen erstmals von einem Catering-Unternehmen kommt. Immer noch nicht haben sich Richard und seine Freunde vollkommen an den Komfort des Westens nach der Wiedervereinigung gewöhnt. Die meisten Menschen, die Richard dort trifft, sind zum Teil lebenslange Freunde: Detlef und seine erste Frau Marion, die jetzt einen Teeladen besitzt. Detlefs zweite Frau Sylvia ist inzwischen von der Krankheit gezeichnet. Anne kümmert sich um ihre alte Mutter, war Fotografin und für kurze Zeit war Richard ihr Liebhaber gewesen. Auf einer Bank sitzt der adipöse, ehemalige Dozent Andreas, nun Reparateur kaputter PCs. Auch die Germanistin Monika und ihr Mann Jörg sind da. Zusammen mit ihnen hatten Richard und seine verstorbene Frau Christel oft Urlaub gemacht. Andreas, der Hölderlinleser, schreibt inzwischen Gedichte. Die Freunde diskutieren über die Zustände im Nahen Osten und tauschen sich über gemeinsame Bekannte aus.

16

Im Deutschkurs: Unterricht als Rettung

Richard besucht wieder das Gebäude der Flüchtlinge, die sich aber wie immer montags und donnerstags beim Deutschunterricht befinden. Richard lässt sich den Weg zum Unterrichtszimmer zeigen und besucht ebenfalls den Unterricht, nachdem er die Lehrerin um Erlaubnis gefragt hat. Vor ihm sitzt „Apoll", weiter vorne sitzt Awad, der ihm zunickt. Richard meint, Abdusalam zu erkennen, ist sich aber nicht ganz sicher. Für Richard ist es schwer „sich an irgendwen zu erinnern, die Haare und die Gesichter sind ja alle so schwarz" (S. 80 K/S. 93 P). Aber er weiß, dass Raschid fehlt.

3.2 Inhaltsangabe

Lehrerin ist eine junge Äthiopierin, die mit den Männern Buchstaben, Lesen und Umlaute übt. Nach Unterrichtsschluss gehen die Männer an Richard vorbei, einige grüßen ihn, der Junge und Awad geben ihm die Hand. Richard unterhält sich mit der Lehrerin. Er erfährt, dass niemand weiß, wann der vom Senat initiierte Deutschunterricht in einer regulären Schule beginnen wird. Angesichts der Zustände auf dem Oranienplatz sei sie zu dem Schluss gekommen, dass ihre „Zeit [...] mit irgendetwas gefüllt sein" muss (S. 81 K/S. 94 P), damit die Männer nicht die Kontrolle über ihr Leben verlieren. Die Lehrerin sagt, dass die Männer Frieden brauchen, um zu Ruhe kommen zu können. Richard begreift, dass diese Männer sich immer noch in einer Art von Krieg befinden. Die Frau verabschiedet sich und lässt Richard alleine im Zimmer zurück.

17

Am nächsten Tag will Richard Ithemba und Raschid aufsuchen. Dieser kommt, als Richard zum Zimmer kommt, zusammen mit einigen anderen Flüchtlingen wütend aus dem Zimmer gestürmt und läuft ins Treppenhaus. Nachdem Richard im Treppenhaus erneut der stürmenden Meute begegnet ist, steigt er hoch in den dritten Stock, wo sich das Betreuerbüro befindet. Mit den Worten, dass „wohl irgendetwas im Gange ist" (S. 85 K/S. 98 P), was die Anwesenden bejahen, verabschiedet er sich gleich wieder. Auf dem Weg zur Tür will er einen umgekippten Stuhl aufrichten, doch der lässt sich aufgrund eines kaputten Beines nicht hinstellen. Richard entschuldigt sich dafür und fragt die Anwesenden, ob dies Raschids Werk sei. Die Betreuer nicken.

Von einem der Sicherheitsleute erfährt Richard, dass die Afrikaner am Folgetag in ein siebeneinhalb Kilometer von Buckow entferntes, im Wald liegendes Heim ziehen sollen: Mit dem Auto würde Richard rund eine Stunde dorthin benötigen. Der emeritierte Pro-

> Die Flüchtlinge sollen aus Berlin in die Provinz verlegt werden

3.2 Inhaltsangabe

fessor drückt seinen Unmut aus, der Sicherheitsmann zuckt mit den Schultern und gibt ihm einen Flyer, auf dem eine Versammlung für 14 Uhr angekündigt ist.

Unmut der Flüchtlinge: wollen sichtbar bleiben

Obwohl Richard Versammlungen nicht mag, geht er zu der Zusammenkunft. Im voll besetzen Unterrichtssaal sitzen Flüchtlinge, Betreuer, Männer vom Sicherheitsdienst und auch ein Beamter vom Senat ist da. Dieser äußert Verständnis für die Lage der Männer und versucht, die Verlegung ins Umland zu rechtfertigen. Raschid ist der Wortführer der Flüchtlinge. Er erhebt sich und sagt, dass sie sichtbar bleiben wollen und weist darauf hin, dass das Abkommen mit dem Senat bisher noch nicht erfüllt wurde. Andere Flüchtlinge melden sich zu Wort, es kommt zur Diskussion, die Situation steckt fest. Der Heimleiter erscheint mit der Nachricht, dass wegen zweier Windpockenfälle der Umzug um zwei Wochen verschoben wird. Richard sinniert über die Gedanken der verschiedenen anwesenden Parteien und ihm fällt dazu eine Geschichte über Kartoffelkäfer (S. 90 f. K/S. 104 f. P) ein. Er verabredet sich mit Raschid für den nächsten Tag.

18

Richard und Raschid sitzen in einer kleinen Kammer inmitten von Umzugskartons und gestapelten Stühlen. Raschid erzählt Richard von Eid Mubarak, mit dem das Ende des Fastenmonats Ramadan zelebriert wird.

Raschid erklärt Richard den Sinn des Festes, erläutert die fünf Säulen des Islam[21] und sagt, dass ein Muslim nicht tötet. Auch ein Tier dürfe nicht getötet werden, außer man will es essen. Seine Mutter würde er gerne noch einmal sehen, sagt Raschid, aber dann

---

21 Vertrauen auf Gott – Beten – mit den Armen teilen – Fasten während des Ramadan – einmal im Leben nach Mekka pilgern (vgl. S. 92 K/ S. 107 P).

3.2 Inhaltsangabe

dürfe er nicht mehr nach Deutschland zurück. Richard erfährt von Raschids Familie, seiner Ausbildung zum Schlosser und der Ermordung seines Vaters, der an Eid Mubarak im Jahr 2000 umgebracht wurde.[22] Raschid konnte nach Niger fliehen und hat seine Mutter seit dreizehn Jahren nicht mehr gesehen.

Auf dem Heimweg kauft Richard entgegen seiner sonstigen Gewohnheit einen Strauß Blumen und fühlt sich im Haus nicht alleine. Er denkt an die letzte Nacht, als er im Dunkel durch sein Haus gegangen war. In der Küche hatte er sich hingesetzt und geschluchzt. Er fragt sich, ob er das vielleicht geträumt hat. Er isst zu Abend und erledigt Kleinigkeiten im Garten. Den Abend verbringt er am Schreibtisch und macht sich Notizen über Raschid und das Leben der Menschen vor ihrer Flucht.

Einsamer Richard

19
Am nächsten Tag geht Richard wieder zum Altenheim und findet es verlassen vor. Er erfährt, dass auch der Unterricht ausfällt, weil die Flüchtlinge heute ihr Geld ausbezahlt bekommen. Kurz entschlossen geht Richard zum Einkaufen, wo er Sylvia trifft, die ihn zum Essen einlädt.

Richard erzählt Sylvia und Detlef von den Flüchtlingen, ihren Geschichten und den Arbeitsbestimmungen. Sylvia stellt fest, dass es ihnen im Vergleich zu den Flüchtlingen gutgehe und dann wird das Thema gewechselt.

Folgen von Dublin II

20
Richard besucht am Freitag wieder die Flüchtlinge: Die Muslime sind jedoch beim Gebet, nur wenige Christen sind anwesend.

Richard lernt Osarobo kennen

---

22 Kontrahenten waren die Radikalislamisten von Boko Haram und Christen, die sich für einen Überfall von Boko Haram rächten. Siehe dazu Kapitel 6, Prüfungsaufgaben mit Musterlösungen, Aufgabe 4, S. 133 ff.

3.2 Inhaltsangabe

Richard versucht sein Glück, und die Tür von Zimmer 2019 wird von einem jungen Mann geöffnet. Richard stellt sich vor und bittet um ein Gespräch. Der junge Mann zuckt mit den Schultern, lässt Richard jedoch nicht eintreten. Richard fragt, ob sie in ein Café gehen sollen. Der junge Mann zuckt erneut mit den Schultern. Richard will schon aufgeben, als der junge Mann ihm zunickt, die Tür schließt und ihm folgt.

Im Café wirkt der Schwarze weiterhin verschlossen, lässt sich halbwegs zu einem Tee überreden. Immerhin verrät er seinen Namen, Osarobo, und lässt Richard wissen, dass er noch eine Mutter und Schwester in Niger hat, alle seine Freunde aber tot sind. Richard erfährt, dass Osarobo in Neapel und Mailand gewesen ist, 18 Jahre alt und seit drei Jahren in Europa ist. Richard spürt, dass er den Afrikaner nicht erreichen kann.

Einladung zum Klavierspiel

Als sie sich nach dem Café an der Kreuzung verabschieden wollen, wird Richard von Osarobo gefragt, ob er an Gott glaube. Richard antwortet, dass er das „*eigentlich*" (S. 109 K/S. 127 P) nicht tut, was Osarobo befremdet. Dieser berichtet von seinem Glauben an Gott und schaut Richard erwartungsvoll an. Als dieser schweigt, fällt Osarobo wieder in sich zusammen. Richard fragt ihn, was er gerne machen würde, hätte er die Gelegenheit dazu. Osarobo antwortet, dass er gerne Klavier spielen würde. Richard, der ein Klavier besitzt, ist überrascht und bietet Osarobo an, bei ihm zu spielen. Sie verabreden sich.

21

Vereinbarung mit dem Berliner Senat

Richard studiert die Vereinbarung, die der Berliner Senat mit den Oranienplatz-Besetzern ausgehandelt hat. Überrascht nimmt er zur Kenntnis, dass das Schreiben nicht einmal eine Seite umfasst. Es wurde eine Einzelfallprüfung beschlossen und die Aussetzung der Abschiebung. Richard begreift, dass die Afrikaner sich keinen An-

3.2 Inhaltsangabe

walt leisten können und kaum Deutsch verstehen. Sie hoffen einfach auf Hilfe: „Die Hoffnung ist das, was sie am Leben hält, und Hoffnung ist billig." (S. 112 K/S. 130 P)

22

Richard besucht den Sprachunterricht. Er trägt ein hellblaues Hemd, mit dem er die Lehrerin beeindrucken möchte, außerdem hat er Rasierwasser aufgetragen. Nach zwei Stunden ist der Unterricht beendet. Bevor sie geht, bietet sie Richard an, die Fortgeschrittenen zu unterrichten. Er will es sich überlegen.

Richard gefällt die Äthiopierin

Am nächsten Tag ist Richard wieder im Heim, weil er Raschid sehen möchte. Als dieser schläft, geht Richard weiter und landet in der Küche, wo die Lehrerin gerade Poster aufhängt. Er fragt, ob sie wisse, wann die Männer nun umziehen. Die junge Frau antwortet, dass zwei neue Windpockenfälle aufgetreten seien und dass sich der Umzug deshalb noch verschiebe. Sie erzählt, dass den Männern nur die Hälfte des versprochenen Geldes ausgezahlt worden war. Die andere Hälfte sollen sie erst nach dem Umzug bekommen. Weiter berichtet sie, dass ihr Hausverbot in den Zimmern erteilt worden ist, da sie angeblich zu viel Unruhe ins Haus bringen würde. Die Lehrerin erinnert Richard nochmals an den Sprachunterricht für die Fortgeschrittenen.

23

Als Richard das Gebäude verlassen will, trifft er auf einen dünnen Mann aus Ghana, der die unbewohnte erste Etage fegt. Sie kommen ins Gespräch und Richard erfährt seine Geschichte: Es ist die Geschichte eines mehrfachen Scheiterns, eines missglückten Suizidversuchs und der Flucht nach Italien. Dort lebte der Mann in einem Camp und wurde vom italienischen Staat finanziert. Einen Teil des Geldes schickte er seiner Mutter. Nachdem das Camp ge-

Eine Odyssee: Karon Anubo

3.2 Inhaltsangabe

schlossen wurde und er 500 € erhalten hatte, reiste er nach Finnland, nur um dann wieder nach Italien zurückzukehren. Von dort reiste er nach Deutschland. Die Geschichte verfolgt Richard abends in seiner Wohnung.

24

Osarobo hat die Verabredung vergessen

Am verabredeten Tag erscheint Richard bei Osarobo, um ihn zum Klavierspielen abzuholen. Osarobo hat die Verabredung mit Richard vergessen und macht sich schnell fertig. Während Richard wartet, ärgert er sich, weiß aber nicht genau warum. Er denkt an seine Erwartungen in der Beziehung mit seiner Geliebten. Schließlich erscheint Osarobo und entschuldigt sich noch einmal. Zusammen machen sie sich auf den Weg. Richard möchte, dass Osarobo den Weg zu ihm alleine findet, und zeigt ihm Straßenschilder. Schließlich erzählt Richard von der Berliner Mauer und dem Zweiten Weltkrieg. Richard beginnt in die Details zu gehen, dann nimmt er sich zurück: Er will dem Jungen, der vor dem Krieg in Libyen geflohen ist, nichts von dem Krieg in Deutschland erzählen.

Richard leidet an der deutschen Vergangenheit

Osarobo begegnet einem Klavier

Sie erreichen Richards Haus und Richard zeigt ihm das Klavier. Das Klavier ist eingestaubt, auf dem Klavierhocker liegt ein Papierstapel. Richard macht das Klavier bereit, fragt, ob Osarobo Noten braucht. Dabei fragt er sich, ob Osarobo wirklich Klavier spielen kann. Osarobo möchte keine Noten und Richard geht aus dem Zimmer. Schnell wird Richard klar, dass Osarobo noch nie Klavier gespielt hat. Er legt sich mit einer Zeitung auf sein Sofa, beginnt zu lesen und schläft ein. Nachdem er erwacht ist, kocht er Kaffee, bringt dem Afrikaner ein Glas Wasser und zeigt ihm das Aufsetzen der fünf Finger auf die Klaviertasten. Osarobo tut sich schwer damit. Richard schiebt Tiefkühlpizza in den Ofen, deckt für zwei Personen und genießt die Anwesenheit einer anderen Person. Er hört Osarobo spielen, der die fünf Töne jetzt in der richtigen Reihenfolge

3.2 Inhaltsangabe

anschlägt. Richard geht zu ihm und zeigt ihm die Tonabfolge für die linke Hand. Osarobo isst nur wenig Pizza. Richard holt einen Stadtplan, um Osarobo, der den Heimweg vergessen hat, den Weg zu zeigen. Er stellt fest, dass Osarobo noch nie einen Stadtplan gesehen hat, und bringt den Afrikaner zurück in das Heim.

25

Deutschunterricht. Die Äthiopierin kümmert sich um die Analphabeten, während Richard mit Yussuf aus Mali und Ali aus dem Tschad Konversation übt. In Libyen war Ali Bauarbeiter, in Italien Krankenpfleger. Yussuf hat in Italien als Tellerwäscher gearbeitet. Richard übt mit ihm das Wort Tellerwäscher. Zum Schluss ist Yussufs Aussprache perfekt und auch der Satz. Richard weiß, dass ihm das angesichts fehlender Qualifikationen nicht helfen wird. Für Ali sieht es nicht besser aus, er hat nur eine arabische Schule besucht, in der der Koran auswendig gelernt wurde. Er würde gerne eine Ausbildung zum Krankenpfleger machen, während Yussuf gerne Ingenieur wäre. Die Äthiopierin erklärt Perfekt und Präsens mit Personen und gerät in eine verzwickte Situation, als der einsame Rufu als Beispiel für jemanden ohne Freunde herhalten muss.

> Richard unterrichtet Deutsch

Plötzlich kommt der Junge mit den wilden Locken in den Raum gestürmt und redet mehrsprachig auf die anderen ein. Die packen nach kurzer Diskussion ihre Unterlagen zusammen und gehen. Von Awad erfährt Richard, dass ein für den nächsten Tag geplanter Umzug nach Spandau wegen der Windpocken verschoben wurde.

26

Im Supermarkt stellt sich Richard an der Kasse an. Er registriert, dass Rufu hinter ihm steht, und grüßt ihn. Als Richard zahlen will, bemerkt er, dass er keine Geldbörse hat. Er sucht noch einmal in sämtlichen Taschen, kurz keimt in ihm der Verdacht auf, von Ru-

> Richard verdächtigt Rufu aus Burkina Faso des Diebstahls

3.2   Inhaltsangabe

fu bestohlen worden zu sein. Rufu gibt der Kassiererin schließlich einen Geldschein, um Richards Einkäufe zu bezahlen, dem das unangenehm ist. Vor dem Supermarkt lädt Richard Rufu zum Essen ein, der die Einladung annimmt. Zu Hause findet Richard seine Geldbörse auf dem Boden liegend. Richard gibt Rufu, der Italienisch spricht, Dantes *Göttliche Komödie* zum Lesen, während er Essen kocht. Es will Rufu das Geld zurückgeben, doch der nimmt nur die Hälfte. Bevor er Rufu zurück zum Heim bringt, lädt er ihn zum Dante-Lesen ein und speichert seine Nummer in Rufus Handy.

27

Awads Psychose

Richard klopft an Awads Tür. Dieser hatte eine schlaflose Nacht und seit Stunden starke Kopfschmerzen, ihn quälen Bilder der Gewalt. Er öffnet Richard die Tür und erklärt sich für ein Gespräch bereit. Ein Betreuer erscheint, der Awad eine freiwillige Blutentnahme vorschlägt, um zu prüfen, ob der bereits mit Windpocken infiziert war. Awad lehnt ab und spürt eine starke Unruhe aufkommen. Richard rät ihm, zur Blutentnahme zu gehen, und erklärt Awad den Verlauf einer Windpockenerkrankung. Awad lässt sich überzeugen. Als sie das Zimmer betreten, wird einem Schwarzen von der kultivierten Betreuerin, die sich als Ärztin im Ruhestand entpuppt, Blut abgenommen. Awad ist mit der Situation überfordert und voller Misstrauen. Er steht kurz vor einem Panikanfall, schafft es aber, den Raum kontrolliert zu verlassen. In seinem Zimmer angekommen beruhigt er sich langsam.

28

Behördlicher Umgang mit den Afrikanern

Richard befragt die Betreuer nach Einzelfallprüfungen und ob sie schon begonnen haben. Einer der Betreuer verneint und stellt klar, dass erst einmal geprüft werden muss, ob die Afrikaner in Deutschland einen Asylantrag stellen dürfen. Die zweite Hälfte ihres Gel-

3.2 Inhaltsangabe

des haben die Afrikaner noch nicht bekommen, erfährt Richard, schließlich seien sie noch nicht umgezogen. Weiter erfährt er, dass die Betreuer Sozialarbeiter oder „Pensionäre vom Fach" (S. 146 K/ S. 171 P) sind, mit einem sechs Monate dauernden Vertrag. Sie sollen die Flüchtlinge bei Behördengängen unterstützen, bei Arztbesuchen, bei Anwaltsbesuchen. Richard berechnet die begrenzten finanziellen Möglichkeiten der Flüchtlinge, die bei rund fünf Euro täglich liegen. Er erfährt, dass zwölf halbe Stellen für Betreuer eingerichtet wurden. Er erinnert sich, dass die Flüchtlinge selbst arbeiten möchten. Nun verschaffen sie Deutschen Arbeit. Zu guter Letzt fragt Richard noch, ob die Afrikaner bereits Geld bekommen hätten, als sie noch auf dem Oranienplatz hausten. Er erfährt, dass sie dort von Spenden gelebt haben.

Richard verlässt das Gebäude. Er trifft auf den Jungen, den er Apoll nennt und fragt ihn, ob er am Wochenende gegen Bezahlung im Garten helfen will. Apoll will. Richard denkt daran, dass Osarobo zum „Klavierspielen" kommen wird und wohl auch Rufu, um Dante zu lesen.

Richard beschäftigt Flüchtlinge

Vor dem Zubettgehen inspiziert Richard seinen Körper. Er fragt sich, ob er mit der Äthiopierin Sex haben wird oder mit einer anderen Frau. Er realisiert, dass er sich im Alter von gewissen Wünschen wird verabschieden müssen.

29

Richard liest über die Tuareg und ihre Vorfahren und der aktuellen politischen Einflussnahme durch Frankreich in Niger. Begonnen mit Lesen hat er bei Herodot, der im 5. Jahrhundert v. Chr. mit den Garamanten die Vorfahren der Tuareg beschreibt. Richard liest von den Wanderungen der Garamanten und vom Einfluss dieses Volkes auf die griechische Mythologie. Er liest über ihren Handel und ihre Kriege.

Die Tuareg

3.2 Inhaltsangabe

Auf der zwei Jahre alten Website der libyschen Übergangsregierung liest er, dass die Altertumsforschung wiederbelebt werden soll mit europäischen Geldern. Richard ist klar, dass Libyen inzwischen ein *failed state*[23] ist, in den nicht investiert wird, und dass sich Antiquitätenräuber über die Schätze der Garamanten hermachen. Am Nachmittag wird Richard von Sylvia angerufen, die ihn zu einem Spaziergang zusammen mit Detlef und Thomas einlädt.

Die Franzosen
in Niger

Detlef erkundigt sich nach den Afrikanern und Richard berichtet von seinen neuen Bekannten und darüber, dass Apoll ihm bei der Gartenarbeit helfen wird. Thomas rät Richard, den Jungen auf radioaktive Strahlung zu prüfen wegen der Uranvorkommen in Niger. Richard berichtet von dem französischen Staatskonzern Areva, der radioaktiven Abraum auf Tuareggebiet entsorgt. Thomas weiß, dass die jährlichen Einnahmen dieses Konzerns die des Staates Niger um ein Vielfaches übertreffen. Richard überlegt, was aus ihrer Freundschaft wird, wenn Sylvia mal nicht mehr ist.

30

Richard und der Junge, den er Apoll nennt, arbeiten im Garten. Richard erfährt, dass der Junge 1991 geboren ist. Richard lässt sich von ihm die Technik des Brunnengrabens erklären, für die die Tuareg bekannt sind, und befragt ihn über sein Leben mit den Karawanen. Am Ende gibt Richard dem Jungen 50 Euro.

31

Wieder geht Richard zum Altenheim in der Erwartung, zusammen mit der Äthiopierin Deutschunterricht zu geben. Dort erfährt er, dass der Deutschunterricht ab jetzt in der Volkshochschule Kreuzberg stattfinden wird. Richard ist sehr enttäuscht.

———

23 Gescheiterter Staat.

3.2 Inhaltsangabe

Nach und nach erscheinen die Männer. Richard fällt auf, das Rufu fehlt, doch die Betreuer können nicht warten. Richard notiert sich den Namen der Schule und sucht Rufu. Er findet ihn und fährt ihn mit dem Auto nach Kreuzberg. Auf dem Weg dorthin erzählt er Rufu von der Berliner Mauer und dass die Bewohner des Ostens nicht in den Westen durften. Rufu will wissen, ob die Menschen aus dem Osten, wenn sie trotzdem in den Westen gelangt sind, sofort einen Pass bekommen haben. Richard bejaht und erklärt das damit, dass es Deutsche waren, „Brüder und Schwestern" (S. 166 K/S. 194 P). Rufu versucht zu verstehen. Er fragt, ob die Mauer so hoch wie der Zaun von Mellila war, und erzählt, dass ein Freund von den Spaniern umgehend nach Marokko geschickt wurde, obwohl er den Zaun erklettert hatte und sein Bruder in Spanien lebt.

Richard und Rufu erreichen die Schule und betreten das Unterrichtszimmer. Alle sollen einen Zettel mit Fragen ausfüllen, damit die individuellen Kenntnisse festgestellt werden können. Richard fühlt sich unwohl und will wieder gehen, doch Awad braucht seine Hilfe, Osarobo hat keinen Stift und von der neuen Lehrerin wird er gebeten, später beim Einsammeln der Zettel zu helfen. Richard bleibt.

Auf der Rückfahrt nimmt Richard neben Rufu auch Raschid, Abdusalam und Ithemba in seinem Wagen mit. Abdusalam beginnt zu singen und Richard auch, wozu er ein Lied umdichtet: „*Hab mein Wagen vollgeladen, voll mit Afrikanern!*" (S. 169 K/S. 198 P) Die Stimmung ist gelöst. Als er vor einer roten Ampel stehen bleibt, sieht er im Nachbarwagen eine Familie, die Richard und seine Fahrgäste bestaunt.

Wiedervereinigung: Schnelle Pässe für Ostberliner

Fröhliche Heimfahrt

3.2 Inhaltsangabe

32

Richard verbringt den nächsten Tag mit Aufräumen und Putzen. Am Abend schaut er TV und versucht im Internet erfolglos, die Kontaktdaten der Äthiopierin zu finden.

Richard will Osarobo die Welt der Musik erschließen

Am Tag darauf wird Richard von Osarobo angerufen, der den Weg zu ihm nicht findet. Richard holt ihn ab. Osarobo entschuldigt sich für die Umstände mit dem Satz, dass er nicht klug ist. Richard weiß, dass das nicht der Grund ist für seine Orientierungslosigkeit.

Richard gibt dem Afrikaner Klavierunterricht und lässt ihn klimpern. Er kocht für beide Kürbissuppe, von der Osarobo wieder nur wenig isst. Nach dem Essen schauen sie sich verschiedene Videos von Pianisten an. Schließlich macht sich Osarobo auf den Heimweg. Richard bestellt kurzerhand zwei Karten für das Weihnachtsoratorium im Berliner Dom und fragt sich, wie Osarobo wohl auf diese überwältigende Komposition Bachs reagieren wird.

33

Umzug nach Spandau

Am nächsten Tag erfährt Richard im Heim, dass der Umzug nach Spandau am nächsten Tag stattfinden wird. Aufgewühlt macht er einen langen Spaziergang um den See herum.

Am Abend telefoniert er mit Sylvia. Die sieht in dem Umzug ein gutes Zeichen. Richard ist nicht überzeugt. Detlef kommt ans Telefon und sie verabreden sich zum Skat. Auch er versucht Richard aufzumuntern, was ihm aber nicht gelingt.

34

Afrikanische Gastfreundschaft

Richard ist bei den Afrikanern in Spandau, die mit ihrer Wohnsituation glücklich sind, auch deshalb, weil Familien mit Kindern in dem Heim leben. Als Richard erzählt, dass er keine Kinder und Enkel hat, wird er von Zair bedauert. Von Ithemba bekommt Richard einen großen Teller mit Essen hingestellt. Richard ist gerührt. Innerhalb

3.2 Inhaltsangabe

von zwei Wochen hat Raschid den Afrikanern unbezahlte Arbeit
verschafft. Die Afrikaner freuen sich, dass sie etwas zu tun haben.

Die Einzelfallprüfungen stehen nun an. Richard erklärt Khalil, *Zahlreiche*
was der *Totensonntag* ist. Khalil denkt an seine Eltern, von denen *Havarien*
er nicht weiß, ob sie die Flucht überlebt haben. Richard hatte in
den vergangenen Tagen Meldungen über im Mittelmeer gekenter-
te Flüchtlingsboote gelesen und davon, dass beinahe jeden Tag
tote Afrikaner an die Strände gespült werden. Er denkt an die kalt-
schnäuzigen Kommentare im Internet und an ein Gedicht Bertolt
Brechts, das Verrohung thematisiert.[24]

35

Richard geht im Heim ein und aus, Raschid bringt ihn stets zum *Harte Einzelfall-*
Ausgang. In der Zeit um den ersten Advent begegnen Raschid und *prüfungen*
Richard am Ausgang einer Abgeordneten. Von ihr erfährt Richard,
dass die Beamten der Ausländerbehörde die Anweisungen bekommen haben, in den Einzelfallprüfungen hart vorzugehen.

Richard rät dem Jungen, den er Apoll nennt, bei seiner Anhörung
zu sagen, dass er als Tuareg in Niger zu einer verfolgten Minderheit
gehört. Der Junge erwidert, dass er seine Geschichte erzählen wird,
wie sie war, und dass er gehen wird, wenn die Anhörung negativ
ausfallen sollte. In der zweiten Adventswoche bittet Awad Richard,
seinen Anwalt anzurufen und sich nach dem Stand der Dinge zu
erkundigen. Der Anwalt teilt Richard mit, dass Awad über Italien
eingereist ist und dass Ghana als sicheres Land gilt, er also nicht mit
einem positiven Bescheid rechnen kann. Ein Aufschub wegen eines
Verfahrensfehlers könnte erreicht werden, alles andere ist wenig
erfolgversprechend.

---

24 Das Gedicht heißt *Ein Pferd klagt an*.

3.2 Inhaltsangabe

Richard will keine Hoffnungen zerstören

Richard sagt den Afrikanern nicht, dass mit der Anhörung nur die Zuständigkeit geklärt werden und nicht über die Asylanträge entschieden werden soll.

36

Die Tage nehmen ihren Lauf. Osarobo kommt zum Klavierspiel, Awad hilft Richard gegen Bezahlung beim Laubharken. Seiner Freundin Anne vermittelt Richard Ali als Krankenpfleger.

Flüchtlinge wehren sich

Bei einem der nächsten Besuche möchte Richard wissen, wie die Toten in der Wüste beigesetzt werden. Bevor jemand Antwort geben kann, ertönt eine Sirene. Der Heulton bricht nicht ab und Richard wird zunehmend nervös. Er läuft in die Küche und überprüft die Herde, dann läuft er zum Einlass. In diesem Augenblick bricht der Heulton ab. Ein Mann erklärt Richard, dass das eine Übung gewesen war, da in der Küche immer ein Herd angelassen wird. Ein zweiter Mann des Aufsichtspersonals kommt aufgebracht hinzu, da der Flüchtling Yaya den Klingeldraht der Sirene durchgeschnitten hat. Richard empfindet die Ruhe als Erleichterung und kehrt zu den Flüchtlingen zurück.

37

Der dritte Advent naht. Anne hat sich inzwischen mit Ali bekannt gemacht und den mit ihrer Mutter, die ängstlich reagierte.

Weihnachtsgeschenk für Osarobo

Vor dem Adventssonntag erscheint Richard wieder bei den Afrikanern, um Osarobo die Karte für das Weihnachtsoratorium zu geben. Dort erfährt er, dass Osarobo in Italien ist, um seine Papiere erneuern zu lassen. Richard versucht ihn anzurufen, doch Osarobo meldet sich nicht. Richard denkt an das Weihnachtsgeschenk für Osarobo, ein zusammenrollbares Keyboard: Richard hatte es auch deshalb gekauft, weil er dachte, dass Osarobo sich damit ein wenig Geld verdienen kann, und schämt sich nun für diesen Gedanken.

3.2 Inhaltsangabe

38

Richard spricht Apoll auf sein teures Handy an. Der Junge erklärt ihm, dass er es sich leisten kann, weil er kein Geld in seine Heimat schicken muss. Darüber hinaus spart er beim Essen, wie er Richard erzählt hat. Richard realisiert, dass der einzige Besitz dieser Männer ihr Handy ist.

Von Awad erfährt Richard, dass der Freund des Vaters eventuell noch lebt und nach Burkina Faso geflohen ist. Er hofft auf einen Kontakt. Raschid erzählt, dass er seine Mutter seit 13 Jahren nicht mehr von Angesicht zu Angesicht gesehen hat. Nur beim Telefonieren via Facebook haben sie sich wenige Male sehen können und dann setzt sich Raschid so, dass seine Mutter die Narbe über dem Auge nicht sehen kann. Manchmal geht er bei ihren Anrufen nicht ans Telefon, da er nicht weiß, was er ihr sagen soll. Richard wird klar, dass die Männer ein Leben leben auf der Basis ihrer Handys und ihrer internationalen Kontakte. Er zieht Parallelen zu Grimms Märchen, wobei hier das „Happy End" ausbleibt.

Handy als einziger Besitz und als Existenzmittel

39

So wie Richard die Handys der Afrikaner anfangs für Luxus gehalten hatte, so fragte er sich, warum sie eine Monatskarte brauchen. Inzwischen weiß er, dass diese für die Verbindung der Männer untereinander wichtig ist. Sollten sie beim Schwarzfahren erwischt werden, droht ihnen schnell die Ablehnung des Asylantrags.

Zwei Tage vor Weihnachten liest Richard in der Zeitung, dass Anfang des neuen Jahres die ersten der Männer dorthin zurückkehren müssen, wo sie herkamen. Richard weiß, dass diese Männer dort erfahren werden, dass sie nach Italien abgeschoben werden sollen.

Eine Monatskarte als Garant für Mobilität

3.2   Inhaltsangabe

40

Einsame Weih-
nachten drohen

Das letzte Weihnachtsfest hatte Richard mit Andreas verbracht, der dieses Jahr zur Kur ist. Am 23.12. realisiert Richard, dass er Weihnachten allein sein wird, da auch alle anderen Freunde verreist sind.

Er lädt Raschid ein, der kommen will. Richard kauft einen Weihnachtsbaum und Gänsekeulen. In den seit Jahren ungenutzt herumstehenden Adventskranz steckt er vier Kerzen. Am 24.12. dann stellt er die Weihnachtspyramide aus dem Erzgebirge auf.

41

Richard feiert
Weihnachten
mit Raschid

Richard holt Raschid mit dem Auto ab. Während in der Küche das Essen kocht, soll sich Raschid als Weihnachtsgeschenk aus Richards Kleiderschrank eine Winterjacke aussuchen. Raschid findet eine und zeigt sich dankbar. Nach dem Essen zeigt Richard Raschid die Wohnung, erklärt den Weihnachtsschmuck und die erzgebirgische Pyramide, die Raschid sehr beeindruckt.

Im Laufe des Abends erzählt Raschid vom Leben in Tripolis, von seiner Familie, von den Umständen seiner Flucht, dem Ertrinkungstod seiner Kinder und dem Zerbrechen seiner Ehe.

42

Rückkehr der
Freunde

Anne schickt Richard ein Bild vom Weihnachtsfest. Sie ist beeindruckt von Alis Deutschkenntnissen, hält ihn für sehr talentiert. Monika und Jörg sind aus Italien zurückgekehrt. Sie laden Richard sowie Detlef und Sylvia zum Kaffee ein, berichten von ihrem Aufenthalt in Florenz, zeigen ihre Fotos und berichten von zahlreichen schwarzen Prostituierten. Auch Peter ist zurückgekehrt. Er erzählt von dem Besuch bei der Familie seiner 20-jährigen Freundin. Er bittet Richard, ihn Silvester zur der Party seiner Freundin zu begleiten. Richard sagt zu.

3.2   Inhaltsangabe

Auch Osarobo ist wieder da. Richard lädt ihn ein, spielt am Klavier und befragt ihn nach seiner Italienreise. Osarobo berichtet, dass er in Mailand gewesen war, dass in der U-Bahn die Leute andere Sitzplätze aufsuchten, setzte er sich neben sie, und dass die Italiener die Afrikaner prinzipiell für kriminell halten. Dem überraschten Richard eröffnet er, dass er in zwei Monaten erneut nach Mailand fahren wird, da er dann die Papiere abholen kann. 280 € wird ihn das kosten. Außerdem werde er 200 € für die Vermittlung einer italienischen Adresse zahlen müssen. Richard addiert die Einzelsummen zu einer Gesamtsumme von 680 € und will von Osarobo wissen, wovon er in dieser Zeit lebt. Der zuckt mit den Schultern. Richard will wissen, ob Osarobo die italienische Aufenthaltserlaubnis wirklich braucht. Osarobo erklärt ihm, dass er sich damit ausweisen kann und dass er dann krankenversichert ist. Richard schenkt Osarobo das Rollklavier. Sie testen Register und Rhythmen und Richard hört erst spät das Läuten an der Tür. Sylvia und Detlef sind gekommen, Richard stellt ihnen Osarobo vor, der sich sofort unwohl fühlt. Osarobo verabschiedet sich schnell. Richard schenkt ihm noch die 60 € für eine Monatskarte. Als er gegangen ist, fragt Richard Detlef und Sylvia nach dem Weihnachtsoratorium, für das er ihnen die Karten geschenkt hat.

Osarobo flieht vor Richards Freunden

43

Es ist der Tag vor Silvester. Richard hatte für Raschid, Apoll und Ithemba warme Pullover gekauft, die er ihnen zum Geburtstag schenken will. Vor dem Heim trifft er auf „den Dünnen". Er zeigt Richard eine Vorladung zur erkennungsdienstlichen Behandlung, da bei einer Kontrolle am Alex sein Aussehen mit dem Foto nicht übereinstimmte. Richard liest den Namen und fragt ihn, ob er wirklich Karon Anubo heißt. Der Dünnen bejaht. Richard will den Afrikaner mit dem Auto dorthin bringen.

Karon Anubo wird vorgeladen

3.2 Inhaltsangabe

„Ohne Anmeldung" – dennoch ist die Beamtin nicht da

Während der Autofahrt, die durch den Schnee länger dauert, erzählt Karon von seiner Familie und der finanziellen Unterstützung, die er für sie leistet. Sie erreichen schließlich das Polizeirevier, doch die den Vorgang bearbeitende Beamtin ist nicht da. Richard ist sehr ungehalten, aber dennoch muss Karon noch einmal von Spandau hierher fahren.

Richard will für Karon ein Grundstück kaufen

Richard fährt Karon zurück ins Heim. Die Lust auf die Pulloverübergabe ist ihm vergangen. Im Auto sitzend redet er mit dem Afrikaner, der verzweifelt ist. Richard fragt Karon, wie groß in Ghana ein Grundstück sein muss, damit sich seine Familie ernähren kann. Der Afrikaner nennt ein Maß und sagt, dass es zwischen 2.000 und 3.000 € kosten wird. Richard überlegt, ob er auf geplante Anschaffungen wie einen Aufsitzrasenmäher, Surfbrett oder Video-Beamer verzichten soll. Richard fragt Karon, was er sagen würde, würde er, Richard, seiner Familie ein solches Grundstück kaufen. Karon Anubo bleibt still und ernst, dann sagt er, dass erst nach einem Jahr geerntet werden kann. Richard versteht die Zurückhaltung angesichts dieser Tatsache. Ihm ist auch klar, dass Karon inzwischen schon Angst vor der Hoffnung hat.

44

Richard begleitet Peter zur Silvesterfeier seiner 20-jährigen Freundin Marie und ist weitgehend Zuschauer. Anfang Januar erhalten die Heimleiter in Spandau, Friedrichshain und Wedding die Liste mit den Namen der Afrikaner, die Mitte Januar verlegt werden sollen. Raschid fotografiert die Liste und schickt sie Richard. Abdusalam, Zair und zu Richards Entsetzen auch Osarobo stehen darauf. Vor Sorge schläft Richard schlecht.

Verlegung der Flüchtlinge mit massivem Polizeiaufgebot

Am Tag der Verlegung trifft Richard im Spandauer Heim ein. Dort stehen 20 Mannschaftswagen der Polizei, der Eingang zum Heim ist abgesperrt. Raschid entdeckt Richard, bemerkt, dass man ihn nicht

3.2 Inhaltsangabe

zu ihm lässt, und gerät außer sich. Die Polizisten in Kampfmontur machen sich auf den Weg ins Heim und Richard macht sich u. a. Gedanken über die Kosten und die Schuldzuweisungen. Richard kommt zu dem Schluss, dass die aktuelle Situation eine Frage der Hautfarbe ist und dass hier ein Verteilungskampf inszeniert wird, aber nicht wirklich zum Wohl armer Deutscher, denn sonst müsste die Polizei auch korrupte Manager aus ihren Unternehmen tragen. Für ihn ist es eine symbolische Aktion, mit der der wütende Bürger besänftigt werden soll. Raschid ist plötzlich nicht mehr zu sehen. Die Abgeordnete, deren Bekanntschaft Richard bereits im Heim gemacht hatte, erklärt Richard, dass Raschid herzkrank ist. Richard will ihn anrufen, doch das Netz ist gestört.

Yussuf kommt aus dem Heim gelaufen, schreit im mehreren Sprachen herum und boxt jeden, der ihn beruhigen will, auch Richard. Raschid erscheint. Er wirkt erschöpft, hat aber die Erlaubnis bekommen, zu Richard und der Abgeordneten zu gehen. Er beklagt sich, dass die Afrikaner wie Verbrecher behandelt werden. Raschid testet das Handynetz, das nach wie vor nicht funktioniert. Dann fragt er Richard und die Abgeordnete, ob sie an der Demonstration teilnehmen werden, in deren Verlauf die Afrikaner vom Oranienplatz zum Senat ziehen wollen. Beide sagen zu. Raschid geht zu Yussuf, der immer noch auf die Polizisten einredet, und bringt ihn dazu, in das Heim zurückzukehren. Yussuf steht zwar nicht auf der Liste, aber er ist psychisch angeschlagen, und auch Rufu war über Weihnachten in der Psychiatrie. Zurzeit könne er nicht essen, sagt Raschid, weil er den Mund nicht mehr öffnen will.

Aggressiver Yussuf

Richard erfährt, dass einige der Flüchtlinge schon am vorherigen Tag gegangen sind. Andere kommen nun aus dem Heim, ihre wenigen Habseligkeiten in der Hand, unter ihnen auch Abdusalam: Er verabschiedet sich von Raschid, Richard und der Abgeordneten.

Abdusalam muss gehen

3.2   Inhaltsangabe

45

Richard meldet erstmals in seinem Leben eine Demonstration an

Da die geplante Demonstration von einem Deutschen angemeldet werden muss, stellt ein deutscher Sympathisant seinen Personalausweis zur Verfügung. Raschid will zum Senat ziehen, doch die Abgeordnete rät ab, da man nur bis zum Vorplatz komme und am Freitagnachmittag sowieso niemand mehr anzutreffen ist. Der Einsatzleiter der Polizei erscheint. Raschid will jetzt zur amerikanischen Botschaft ziehen und diskutiert mit dem Unterstützer. Der zieht seine Anmeldung zurück. Richard meldet nun in seinem Namen die Demonstration an. Nach einigem Hin und Her und nachdem ein **Motto** für die Demonstration gefunden wurde, setzen sich die Demonstranten in Bewegung, die Polizei den Weg sichernd vorneweg. Richard begleitet den Zug 200 Meter bis zur nächsten U-Bahnstation und fährt dann nach Hause.

„Die Welt zu Gast bei Freunden"

46

Abends hört Richard in den Nachrichten, dass die in Friedrichshain untergebrachten Afrikaner die oberste Etage ihres Hauses besetzt haben. Einige von ihnen sind auf das Dach geklettert und drohen, sich hinabzustürzen.

Erschöpfter Raschid

Am nächsten Morgen fährt Richard ins Asylantenheim und findet nur Raschid vor, da die übrigen Afrikaner in Friedrichshain sind, um dort die Besetzer zu unterstützen. Raschid liegt erschöpft in seinem Bett und zeigt Richard eine Tüte voller Medikamente. Er berichtet Richard, dass er in den vergangenen acht Wochen dreimal versucht hatte, den Innensenator zu sprechen – immer erfolglos. Richard fragt Raschid, ob am Vortag nicht auch in Spandau eine Protestaktion hätte gemacht werden sollen. Raschid antwortet, dass man der Kinder wegen darauf verzichtet habe. Er schläft ein. Richard fährt schließlich nach Hause. Auf der Rückfahrt wird er von Anne angerufen, die ihm sagt, dass einer der auf dem Dach stehen-

Respektloser Besetzer

3.2 Inhaltsangabe

den Afrikaner hinuntergepinkelt hat, und dass sich viele Menschen darüber ärgern.[25]

Am folgenden Tag liest Richard in der Zeitung, dass den Besetzern des Daches Strom und Wasser abgestellt wurde. Es ist ein Foto mit einem Flüchtling abgebildet, der einem Jesus gleich auf dem Dach stehend die Arme ausbreitet. Richard liest einen Online-Artikel einer wichtigen deutschen Wochenzeitung. Er missversteht die Zeile „Wo hört der Protest auf und fängt die Erpressung an?" (S. 232 K/S. 272 P).[26] Zunächst glaubt er, dass die Erpressung den Behörden zugeordnet ist, die Strom und Wasser absperren lassen, um die Afrikaner zum Verlassen des Gebäudes zu zwingen. Dann wird ihm klar, dass die Afrikaner gemeint sind. Berichtet wird über das Verhalten der Unterstützer mit Gesang, Tanz und Fürbitten in ihrem errichteten Solidaritätscamp. Richard liest, dass sie die Afrikaner für ihre politischen Ziele instrumentalisierten und dass die Afrikaner diese Strategie nicht erkennen.

Ein Artikel in einer bürgerlichen Zeitung

47

Inmitten der Zeitungslektüre erreicht ihn eine Nachricht von Karon, der ihm mitteilt, dass er zum Bezirksamt muss. Richard begleitet ihn. Zusammen sitzen sie in einem langen Flur und warten. Unvermittelt fragt Richard Karon, wie man in Ghana Grundstückskäufe tätigt. Karon erklärt es ihm. Schließlich wird er aufgerufen.

Zwei Tage später schickt ein Freund Karons das Bild eines Grundstücks, das für 12.000 Ghanaische Cedi zum Verkauf steht. Richard fragt sich, ob es das Grundstück wirklich gibt, wo das Dorf über-

---

25 Das hat sich Erpenbeck nicht ausgedacht. Reales Vorbild für das von Erpenbeck beschriebene Szenario ist die Besetzung eines Hostels in Friedrichshain im Jahr 2014 durch Afrikaner, von denen einer vom Dach urinierte.
26 Es handelt sich um den Artikel *Tausendundein Akt im Berliner Flüchtlingsdrama* von Denise Link, http://www.zeit.de/politik/deutschland/2014-09/fluechtlinge-proteste-berlin.

3.2 Inhaltsangabe

haupt ist und wieviel ein Cedi wert ist. Er erinnert sich daran, wie er und seine Frau einige Jahre nach der Wiedervereinigung beschlossen, das von ihnen während der DDR-Zeit gepachtete Grundstück zu kaufen – und welch' aufwändige Prozedur das war. Nun will Richard wieder ein Grundstück kaufen, allerdings in Ghana für 3.000 €.

Richard kauft Karon Anubo ein Grundstück in Ghana – ganz ohne deutsche Bürokratie

Der Dorfchef gibt seine Einwilligung und so fahren Richard und Karon Mitte Januar in einen dubiosen Laden und bezahlen in ungewöhnlicher Art und Weise (vgl. S. 237 ff. K/S. 278 ff. P) die 3.000 € für das Grundstück. Der entgeisterte Richard fragt nach einer Quittung, die Frau beginnt zu lachen. Einer der anwesenden jungen Männer gibt Karon ein Kaugummipapier mit zwei Nummern darauf und anschließend verlassen sie den Laden. Karon erklärt Richard, dass er seiner Mutter die Nummern mitteilen wird, die dadurch in Ghana das Geld erhält und damit das Grundstück kaufen kann. Und das alles in rund drei Stunden.

Glücklicher Karon: „always Good morning" (S. 241K/S. 282 P)

Seit drei Stunden warten Richard und der Afrikaner in einem Café – Karon sitzt zum ersten Mal in seinem Leben in einem Café. Schließlich ruft seine Mutter aus Ghana an: Das Geschäft ist abgeschlossen worden und die glückliche Afrikanerin möchte Richard persönlich danken. Am Abend noch bekommt Richard ein Foto des Kaufvertrages zugeschickt. Am Morgen darauf erhält Richard von dem sehr dankbaren Karon eine SMS, der ihm immer Gottes Schutz wünscht.

48

Richard fährt zu den Besetzern nach Friedrichshain. Neben vielen Sympathisanten trifft er auf seine Freunde aus dem Spandauer Heim. Sie stehen um eine Feuertonne herum und wärmen sich. Richard tritt zu ihnen. Zair berichtet, dass sie mit den Besetzern keinen Kontakt aufnehmen können, da durch die Abschaltung des Strom-

3.2 Inhaltsangabe

netzes die Akkus der Handys nicht aufgeladen werden können. Außerdem seien sie bald ohne Wasser.

Richard findet einen beinahe zugeschneiten Rufu auf einer Bank sitzend vor, der völlig apathisch scheint. Er murmelt, dass alles zu Ende ist (S. 242 K/S. 284 P). Richard beschwichtigt und will Rufu mit zu sich nach Hause nehmen. Rufu kann kaum aufstehen und gehen. Als er registriert, dass sie mit der U-Bahn fahren sollen, bleibt er stehen. Richard bringt ihn zurück zur Bank und fragt ihn, ob er Medikamente einnimmt. Rufu entnimmt seiner Hosentasche eine gelbe Tablette und zeigt sie Richard. Richard verbietet ihm die Einnahme des Medikaments und verspricht, am nächsten Tag ins Heim zu kommen, um sich die Verpackung zeigen zu lassen. Dann geht er zu den anderen, lässt sich versichern, dass sie Rufu auf dem Rückweg nach Spandau mitnehmen werden, und fährt nach Hause.

Benommener Rufu

Am nächsten Morgen ist Rufu weniger benommen. Richard notiert sich den Namen des Medikaments und recherchiert zu Hause im Internet die Nebenwirkungen. Anschließend ruft er Monikas Mann Jörg an, der Psychiater ist. Der erklärt Richard, dass das Medikament ein Psychopharmakon ist und entweder manischen oder hyperaktiven Menschen verschrieben wird und macht sich über afrikanische Medizinmänner und den Glauben daran lustig. Richard geht die Geschichte von Soliman[27] durch den Kopf (S. 245 f. K/ S. 288 f. P).

Rassistisch

Richard bringt Rufu in eine psychiatrische Praxis. Da der Afrikaner nicht krankenversichert ist, will Richard die Behandlungskosten übernehmen. Der Arzt behandelt Rufu kostenlos und diagnostiziert bei der Untersuchung einen massiv kariösen Zahn. Richard bringt

Karies anstelle einer Psychose

---

27 Angelo Soliman (1721–1796), Nigerianer, dessen schwarze Haut angeblich nach seinem Tod auf eigenen Wunsch präpariert und als Wilder in in einem Museum zur Schau gestellt wurden.

3.2 Inhaltsangabe

Rufu zu seinem Zahnarzt, der den kariösen Zahn versorgt. Auch der Zahnarzt will kein Geld.

49

Osarobo meldet sich via SMS bei Richard, der ihn seit über einer Woche vergeblich zu erreichen versucht hatte. Richard ruft ihn umgehend zurück und wird von Osarobo gefragt, ob er Arbeit für ihn habe, was Richard verneint. Er lädt Osarobo zum Klavierspielen für den nächsten Tag ein. Richard hat eine Einladung zu einem Wissenschaftlertreffen in Frankfurt am Main bekommen mit der Frage, ob er einen Vortrag halten würde zum Thema „Die Vernunft als feurige Materie im Werk des Stoikers Seneca" (S. 250 K/ S. 293 P). Aufgrund der kurzfristigen Einladung schließt er, dass er zweite Wahl ist. Nach dem Gespräch mit Osarobo schickt er die Zusage ab und malt sich das Treffen mit den ehemaligen Kollegen aus.

Am nächsten Tag kommt Osarobo. Dieser berichtet Richard, dass er ab und an für eine Hilfsorganisation Pakete für Afrika packt und pro Tag 20 € bekommt. Als Richard nachfragt, gesteht er, dass er nur einmal dort war. Osarobo teilt Richard mit, dass er im März nach Italien gehen will. Richard realisiert, dass dann nur noch zwei Monate für den Klavierunterricht bleiben, damit Osarobo vielleicht als Straßenmusikant zu etwas Geld kommen kann. Richard konstatiert, dass Osarobo seit drei Jahren sieht, „dass die Welt ihn nicht braucht" (S. 252 K/S. 296 P).

50

Richard bereitet seinen Vortrag vor, hat Freude an der Arbeit und lässt auch neu gewonnene Gedanken einfließen, die mit den Flüchtlingen zusammenhängen. Von Ithemba lässt sich Richard dessen Weg nach Libyen berichten, von Apoll will Richard wissen, wie in

Einladung zu einem Symposium, Osarobo braucht Geld

Osarobo will nach Italien gehen

der Wüste die Toten bestattet werden. Richard befragt Khalil nach seiner Flucht über das Mittelmeer und denkt an Raschids Bericht von seiner Flucht.

Richard erfährt, dass der Berliner Senat die Vereinbarung mit den Flüchtlingen nachträglich annulliert hat, da eine entscheidende Unterschrift auf dem Schriftstück fehlt. Richard ist die Strategie des Senats klar: Ein nicht bindender Vertrag verursacht keinen Vertragsbruch, weshalb Proteste nicht legitimiert sind. Im TV sieht Richard später, dass Raschid und einige andere Afrikaner von der Polizei gewaltsam vom Oranienplatz geschafft werden. Sie hatten sich, nachdem sie von der annullierten Vereinbarung gehört hatten, dorthin aufgemacht, um ein Demonstrationsiglu zu errichten.

Bürokratie: ungültiger Vertrag

51

Am nächsten Tag sucht Richard zusammen mit Ithemba dessen Anwalt auf. Ithemba versteht kein Wort von dessen Ausführungen, die dieser zusammen mit Richard diskutiert. Auf Wunsch von Raschid fragt Richard den Juristen, ob die Kategorie der Engpassberufe gilt. Dies würde bedeuten, dass im Falle einer Duldung ein Flüchtling mit einer bestimmten Facharbeiterausbildung sofort eingestellt werden kann. Der Anwalt bestätigt das, allerdings muss der betreffende Flüchtling einen Pass vorweisen oder eine Geburtsurkunde. Selbst wenn er einen Pass vorweisen könne, sei seine Einstellung immer noch von politischen Deals zwischen Deutschland und dem Mutterland des Flüchtlings abhängig. Weiter klärt der Jurist Richard darüber auf, dass die Afrikaner vom Oranienplatz keine Duldung vorweisen können und dass eine Duldung kein Aufenthaltsstatus ist, sondern nur die Aussetzung der Abschiebung. Richard bekommt Kopfschmerzen und stellt eine letzte Frage, die nach dem § 23, auf dessen Grundlage ein Flüchtling eine Aufenthaltserlaubnis aus humanitären Gründen bekommt. Der Jurist macht ihm klar, dass dies

Beim Anwalt

3.2 Inhaltsangabe

eine seltene Ausnahme ist. Richard ist an seine Grenzen gelangt. Der Jurist verweist ihn auf die Erklärung des Berliner Senats, die am Vortag in den Zeitungen gestanden hatte, und aus der hervorgeht, dass die Afrikaner vom Oranienplatz keine Aufenthaltserlaubnis bekommen werden. Dann liest er ihm aus der *Germania* des Tacitus vor, in der der Historiker über den freundlichen, fürsorglichen Umgang der Germanen mit ihren Gästen berichtet.

52

Osarobo hört von Richards Reise nach Frankfurt

Richard fährt heute zu seinem Vortrag nach Frankfurt. Am Vormittag kommt Osarobo und übt Klavier. Richard erzählt ihm von der Fahrt nach Frankfurt und sagt ihm, dass er in zwei Tagen wieder da sein werde. Dann trinken sie zusammen einen Tee.

Am Tag darauf hält Richard in Frankfurt seinen Vortrag und fährt zurück nach Berlin. Als er sein Haus betritt, stellt er fest, dass bei ihm eingebrochen wurde. Er überprüft, ob er allein im Haus ist, und registriert, dass der PC und auch das Fernsehgerät nicht gestohlen wurden. Dann geht er in die obere Etage und legt sich ins Bett.

Ist Osarobo der Einbrecher gewesen?

Am nächsten Morgen ruft Richard die Polizei an. Zwei Mitarbeiter der Spurensicherung kommen. Der eine Mann sagt, dass „mit Respekt" (S. 267 K/S. 314 P) eingebrochen worden sei. Richard ruft Detlef und Sylvia an und berichtet von dem Einbruch. Richard hat inzwischen festgestellt, dass u.a. ein Ring seiner Mutter fehlt. Ein Umschlag mit Geldscheinen, den er in den Socken versteckt hatte, ist dem Dieb entgangen. Detlef schlägt Richard vor, vorbeizukommen.

Richard erzählt Sylvia und Detlef, dass Osarobo von seiner Reise wusste, was ja grundsätzlich nichts beweist. Richard ist einsilbig, trinkt zwei Gläser Whiskey und geht dann nach Hause. Am nächsten Tag ruft er Anne an. Die weiß bereits von dem Einbruch und fordert Richard auf, Osarobo zu fragen, ob er der Einbrecher sei, und von

3.2 Inhaltsangabe

ihm die Rückgabe des Ringes zu fordern. Nach einer Zeit der Stille fragt Richard Anne, warum sie nie ein Paar geworden sind. Anne fragt ihn, ob er betrunken ist.

Nach dem Ende des Gesprächs schickt Richard Osarobo eine Nachricht. Sie verabreden sich für den nächsten Tag. Richard beseitigt die Spuren des Einbruchs und sinniert vor dem Computer.

Am Tag darauf sagt Osarobo ab. Richard stellt fest, dass er sein Profilbild geändert hat. Am Abend kommt Andreas. Sie sitzen Bier trinkend in der Küche, obwohl sie eigentlich einen Film sehen wollten. Sie reden über Osarobo und Richard sagt, dass man nicht sicher sein kann, ob er der Einbrecher ist. Andreas antwortet darauf mit einem Vers aus einem Hölderlindrama. Richard fragt Andreas, ob er *Schrödingers Katze* kenne. Andreas kennt dieses Gedankenexperiment des Physikers Erwin Schrödinger über den Zustand der Gleichzeitigkeit bestimmter Zustände unter definierten Versuchsparametern. Richard doziert darüber und fragt Andreas, ob Osarobo der Einbrecher war. Andreas kann es ihm natürlich nicht sagen und erzählt, dass er am Vortag zum ersten Mal nach langer Zeit wieder mit dem Rad gefahren ist. Richard geht darauf nicht ein und so reden beide wieder über das Gedankenexperiment Schrödingers und über quantenmechanische Termini.

Richard schlägt Osarobo noch zweimal vor, sich mit ihm zu treffen. Jedesmal versetzt ihn Osarobo. Richard ist tief enttäuscht zu Hause, stellt sich vor, wie Monika und Jörg reden werden, und weint wie seit dem Tod seiner Frau nicht mehr.

Profilbild: Jesus und der kniende Sünder

Profilbild: Daniel in der Löwengrube

53

Richard und Karon sitzen im Wohnzimmer und trinken heiße Zitrone. Ein Freund Karons hat Richard ein Bild von dessen Familie geschickt. Die vier Personen stehen vor einem gemauerten, fens-

Karon Anubos Hütte

3.2 Inhaltsangabe

terlosen Haus mit zwei schief in den Angeln hängenden Türen. Sie unterhalten sich über das Bauen von Häusern in Karons Heimat, die so oder so nur wenig Schutz bieten.

54

Dublin II: Die Afrikaner sollen zurück nach Italien

Anfang Februar bekommen die Männer ihre Bescheide von der Ausländerbehörde. Da sie zuerst in Italien europäischen Boden betreten haben, ist Italien für sie zuständig, und dahin sollen alle zurückkehren: Ali, Khalil, Zani, Yussuf, Hermes, Abdusalam, Mohamed, Yaya, Rufu, Apoll, Tristan, Karon und Ithemba. Ithemba schneidet sich die Pulsadern auf und wird in die Psychiatrie gebracht. Raschid soll ebenfalls gehen, übergießt sich auf dem Oranienplatz mit Benzin und droht, sich zu verbrennen.

Duldungen: Awad, Ithemba und Raschid

Awad wird aufgrund eines Attests seiner Psychologin sechs Monate geduldet und in einem Obdachlosenheim untergebracht. Auch Ithemba bekommt nach seinem Aufenthalt in der Psychiatrie eine Duldung, und zwar vier Wochen mit Option auf Verlängerung. Er wird auf einem Schiff untergebracht zusammen mit Menschen, die ihm suspekt sind. Raschid bekommt wegen seines Herzleidens und seiner schlechten psychischen Verfassung eine sechsmonatige Duldung und ein Zimmer in einem Wohnheim der Arbeiterwohlfahrt.

Richards Haus wird ein Flüchtlingsheim

„Wohin geht ein Mensch, wenn er nicht weiß, wo er hingehen soll?" (S. 280 f. K/S. 328 f. P) Einige wenige Flüchtlinge kommen bei gemeinnützigen Organisationen oder wohltätigen Helfern unter. „Im Internet werden Pfarrer und Helfer als *Pack* und *Schlepper* beschimpft." (S. 282 K/S. 330 P) Richard schafft in seiner Wohnung Platz für zwölf Flüchtlinge, auch seine Freunde nehmen Flüchtlinge auf. Nur Monika und Jörg werden nicht gefragt. 147 von insgesamt 476 Flüchtlingen haben damit einen Schlafplatz gefunden. Richard versucht, Arbeit und Geld für die Flüchtlinge zu beschaffen, was

3.2 Inhaltsangabe

sich als äußerst schwierig erweist. Nur der Deutschunterricht wird für die Flüchtlinge vom Senat noch bezahlt.

Nach zahlreichen Telefonaten mit dem Sozialamt kann Richard die Anerkennung seines Hauses als Heimunterkunft erreichen. Bei ihm leben nun Rufu, Abdusalam, Yaya und Moussa. Außerdem nimmt er Khalil und Mohamed auf sowie Ithemba, den er zum Koch ernannt hat. Apoll und Karon leben ebenso bei ihm wie Zair und Awad, den er aus dem Obdachlosenheim geholt hatte, und Zani. Am Abend trifft man sich in Richards Küche, wenn das von Ithemba gekochte und von Richard mit 50 € pro Woche finanzierte Essen auf dem Tisch steht. Auch Richard isst inzwischen wie die Afrikaner mit den bloßen Händen.

55

Das Frühjahr kündigt sich an. Zum ersten Mal nach dem Tod seiner Frau will Richard seinen Geburtstag feiern und hat im afrikanischen Supermarkt eingekauft. Seine afrikanischen und seine deutschen Freunde sind eingeladen. Vor einigen Tagen erreichte ihn eine kurze Nachricht von Osarobo.

Richard feiert seinen Geburtstag

Vor dem Eintreffen der Gäste bringen die Afrikaner den Garten in Ordnung und alles wird für das Fest vorbereitet. Als Richard die Laternen auf die Tische stellt, kommen die ersten Gäste. Als wahrer Freund seiner Afrikaner grillt Richard nur Fleisch geschächteter Tiere.[28] Als es zu dämmern beginnt, entzündet Richard die Laternen und Raschid fühlt sich an Afrika erinnert. Anne, die Fotografin, initiiert ein Gruppenfoto. Richard fällt auf, dass Sylvia fehlt und dass Detlef beim Gruppenfoto nicht lacht.

Die Gruppe sammelt sich beim Feuer. Richard setzt sich neben Detlef und fragt nach Sylvia. Der antwortet, dass sie nach ihrer Un-

Sylvia ist im Krankenhaus

---

28   Schächten: Dem lebenden, nicht anästhetisierten Tier wird die Kehle durchgeschnitten.

3.2 Inhaltsangabe

tersuchung in der Klinik gleich stationär aufgenommen wurde –
mit schlechter Prognose. Obwohl Detlef Deutsch gesprochen hat,
werden die Afrikaner still. Richard reagiert entsetzt und wird von
Raschid gefragt, was los ist. Richard erzählt ihm von Sylvias ge-
fährlicher Krankheit. Raschid drückt Detlef sein Bedauern aus. Alle
machen sich ihre Gedanken über Frauen und tauschen sich untereinander aus.

Richard und seine
Frau Christel

Detlef fragt Richard, ob er noch oft an seine Frau denken würde.
Richard bejaht und erzählt von Christel und ihrer Alkoholabhängig-
keit. Ithemba, der fragt, warum seine Frau getrunken hatte, gesteht
Richard, dass sie wohl unglücklich gewesen sei. Ithemba fragt nach
dem Grund ihres Unglücks. Richard antwortet, dass ihr Orchester
aufgelöst worden war. Anne sagt, dass Richard eine Geliebte gehabt habe, und Marion verrät, dass Christel gerne Kinder gehabt
hätte. Zair erinnert sich an das Gespräch mit Richard in Spandau
und fragt Richard, ob die Kinderlosigkeit nicht eine gemeinsame
Entscheidung gewesen war. Richard räumt ein, dass er seine Frau
als Student zur Abtreibung überredet hat. Nach dem Eingriff war
es ihm peinlich gewesen, sich um sie zu kümmern, und dass er sie
dafür gehasst habe, dass sie hätte sterben können. Richard sagt,
dass ihm klar geworden ist, dass der Anteil von dem, was er aushält,
viel kleiner ist als der, den er nicht aushält. Ein Afrikaner formuliert
eine Analogie zur der Geschichte von Flüchtlingen.

3.3 Aufbau

Erpenbeck hat in *Gehen, ging, gegangen* als strukturbildendes Element die Montage gewählt, mit der sie sprachlich, stilistisch und inhaltlich unterschiedliche Texte collagiert. Die wichtigsten Texte sind Zitate aus der *Odyssee* des Homer und der *Germania* des Tacitus. Erpenbeck verwendet hier das Verfahren der Intertextualität, d.h. sie bettet andere literarische Texte in ihren Text ein. Außerdem collagiert sie Berichte der Afrikaner, Gesetzestexte und journalistische Texte. Diese Textelemente sind eingebettet in das eigentliche Narrativ.

Die Montage

Aufbau und Struktur von *Gehen, ging, gegangen* folgt dem Prinzip der Montage.[29] Mit dem filmtechnischen Begriff der Montage wird das Zusammenfügen von Texten sprachlich, stilistisch und inhaltlich unterschiedlicher Herkunft bezeichnet. Bei fiktionalen Texten ist die Übernahme nicht-fiktionaler Texte immer ein Indikator für das Montageverfahren.[30]

Montage

Das eigentliche Narrativ ist die Geschichte, die die Hauptfigur Richard erlebt: Es ist „bald [...] schon Herbst" (S. 10 K/S. 11 P) und Richard gewöhnt sich an seine Zeit als Ruheständler. Er wird auf die Flüchtlinge auf dem Oranienplatz aufmerksam, sucht Kontakt zu ihnen und schließt Freundschaften. Im darauffolgenden Frühjahr, als „die ersten wärmeren Tage" (S. 289 K/S. 339 P) kommen, hat er ei-

Narrativ

---

29 Die Begriffe Montage und Collage werden häufig synonym verwendet, stehen aber für unterschiedliche Techniken, so wird bei einer Collage nur Fremdmaterial verwendet.

30 Wichtige Montagetexte sind Alfred Döblins *Berlin, Alexanderplaz* und *Manhattan Transfer* von John Dos Passos.

3.3 Aufbau

nigen Flüchtlingen eine Unterkunft in seinem Haus angeboten und feiert im Kreis seiner neuen und alten Freunde seinen Geburtstag.

Texte Homers und Tacitus'

In das eigentliche chronologische Narrativ werden Rückblenden aus Richards Leben eingearbeitet (zum Beispiel Erinnerungen in Form von Gedanken an seine Frau, seine Geliebte, die DDR und sein akademisches Arbeitsleben) und, um die wichtigsten Texte zu nennen, Auszüge aus der *Odyssee* des Homer, ein Zitat aus der *Germania* des Tacitus sowie juristische und ein journalistischer Text, oft an der Kursivstellung im Text als Fremdtexte zu erkennen. Zudem gibt es in der Ich-Form dargebotene Fluchtgeschichten der Flüchtlinge (vgl. der Junge: S. 58 ff. K/S. 67 ff. P oder Raschid: S. 201 ff. K/ S. 236 ff. P).

Intertextualität

Odyssee: die Irrfahrten der Flüchtlinge

Richard sieht am Abend im Fernseher die Nachrichten (S. 23 K/ S. 27 P) und erfährt von der Forderung der Flüchtlinge auf dem Oranienplatz, die in der deutschen Gesellschaft sichtbar werden wollen (vgl. S. 23 ff. K/S. 27 ff. P: *We become visible*). Dies erinnert ihn an Odysseus und er liest am nächsten Tag das elfte Kapitel, sein Lieblingskapitel, in dem Odysseus von seinen Irrfahrten erzählt. Auf Seite 84 K/98 P zitiert Erpenbeck direkt aus Homers *Odyssee*: „Unheilvoll ist es, dem Olympier entgegenzutreten. Schon einmal hat er mich, als ich helfen wollte, am Fuß gepackt und von der himmlischen Schwelle hinabgeworfen. Einen ganzen Tag floh ich, und erst als die Sonne unterging, fiel ich nieder in Lemnos, und nur noch wenig Leben war in mir." Das Zitat erscheint im Zusammenhang mit einem erbosten Raschid, dessen Zorn durch dieses Zitat sehr eindrücklich dargestellt wird, und als Kommentar zum Handlungsgeschehen gelesen werden kann.

Asylrecht als Gastrecht

Des Weiteren findet sich ein Zitat aus der *Germania* des Tacitus über die Gastfreundschaft der Germanen (S. 264 ff. K/S. 309 ff. P).

3.3 Aufbau

Auch dieses Zitat kann als Kommentar gelesen werden, und zwar in Verbindung mit der deutschen Asylgesetzgebung und ihren Folgen für die Asylsuchenden.

Das Phänomen der **Integration literarischer Fremdtexte** nennt man Intertextualität. Dieser Begriff wurde von der französischen Literaturtheoretikerin Julia Kristeva (*1941) geprägt. Die Intertextualität sucht nach Beziehungen von Vorgängertexten (sogenannten Prätexten) und fragt nach möglichen Lesarten von Texten vor dem Hintergrund anderer Texte. Das wohl bekannteste Beispiel für Intertextualität ist die *Aeneis* des Vergil, der sich in vielfacher Hinsicht auf Homers *Odyssee* bezieht.

Intertextualität

Weitere Beispiele für dieses Verfahren sind ein Auszug aus einem Reisebericht Ibn Battutas (S. 94 K/S. 109 P), das Kinderlied *Maikäfer flieg* (S. 71 K/S. 82 P), Zitate aus den *Merseburger Zaubersprüchen* (S. 13 K/S. 15 P) oder aus Goethes *Faust* (u.a. S. 46 K/S. 53 P). Auch diese Beispiele können als **Kommentare** gesehen werden.

Kommentare

Die Berichte der Afrikaner über ihre Flucht können ebenfalls als ein Element der Gesamt-Montage angesehen werden. Sie heben sich insofern vom Textganzen ab, als in der **Ich-Form** erzählt wird und so Binnentexte[31] konstituiert werden. Repräsentativ dafür soll hier Karon Anubos Bericht über seinen Daseinskampf in Ghana und Libyen, über seine Flucht über das Mittelmeer und über sein hartes Leben in Europa genannt werden (S. 117 ff. K/S. 136 ff. P). Aber auch alle anderen Flüchtlinge, zu denen Richard näheren Kontakt hat, erzählen ihre Geschichte mehr oder weniger detailreich in der Ich-Form.

Weitere Textelemente sind **Auszüge aus juristischen Texten**, so jener Text in einem Schreiben, das Ithemba von der Ausländerbehörde erhalten hat (S. 259 K/S. 304 P). Oder der Auszug eines

„Dokumente":
juristische,
journalistische
Gebrauchstexte

---

31 Binnentext: Erzählung in einer Erzählung, manchmal innerhalb einer Rahmenerzählung.

3.3 Aufbau

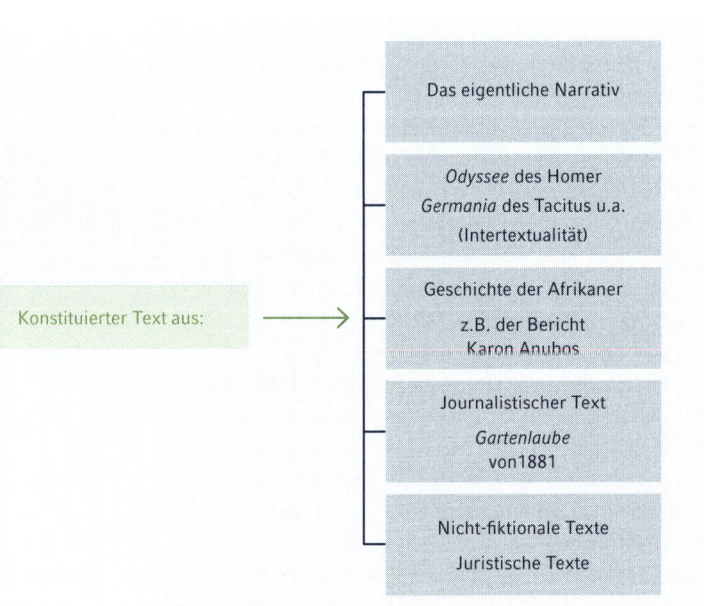

Konstituierter Text aus:

- Das eigentliche Narrativ
- *Odyssee* des Homer *Germania* des Tacitus u.a. (Intertextualität)
- Geschichte der Afrikaner z.B. der Bericht Karon Anubos
- Journalistischer Text *Gartenlaube* von1881
- Nicht-fiktionale Texte Juristische Texte

Artikels in der *Gartenlaube* von 1881 (S. 158 f. K/S. 185 f. P). Auch Einkaufslisten (vgl. S. 27 K/S. 30 f. P, S. 100 K/S. 116 P) oder To-Do-Listen (S.215 f. K/S. 252 f. P), sogenannte Gebrauchstexte oder **nicht-fiktionale Texte**, die dokumentarisch wirken, werden von Erpenbeck eingebaut.

3.4 Personenkonstellation und Charakteristiken

Richard[32]
→ emeritierter Professor, verwitwet und einsam
→ unterstützt Flüchtlinge

Flüchtlinge:
→ **Raschid** (Nigerianer, „der Blitzeschleuderer")
→ **Osarobo** (Nigrer, löst bei Richard Vatergefühle aus)
→ **Karon Anubo** (Ghanaer, muss seine Familie ernähren)
→ **Awad** (Ghanaer mit posttraumatischer Belastungs-
   störung)
→ **Apoll, der Junge** (Tuareg aus Niger, fasziniert Richard)
→ **Ithemba** (Nigerianer, Koch)
→ **Rufu** (aus Burkina Faso, zutiefst einsam)

Richards Freunde:
→ **Detlef und Sylvia** (Sylvia ist schwerkrank)
→ **Anne** (hat eine pflegebedürftige Mutter)
→ **Andreas** (Hölderlinleser)
→ **Thomas** (ehemaliger Wirtschaftsprofessor)
→ **Peter und Marie** (Archäologe mit junger Freundin)
→ **Marion und ihr Mann** (Detlefs erste Frau und ihr Mann)
→ **Monika und Jörg** (mit kritischen Ansichten)

Weitere Personen wie Deutschlehrerin, Sicherheitsleute,
Journalisten, Betreuer, Polizisten, weitere Flüchtlinge u.a.

---

32 Die Hauptperson des Romans ist Richard, um den alle anderen gruppiert sind. Eine dif-
    ferenzierte Darstellung der Flüchtlinge ist schwierig, da Erpenbeck keine Charaktere
    kreiert, sondern Repräsentanten von Fluchtgeschichten. Auch die anderen Personen-
    zeichnungen bleiben weitgehend an der Oberfläche. Vgl. 4. Rezeptionsgeschichte.

3.4 Personenkonstellation und Charakteristiken

Hauptfigur Richard

Krisenhafte persönliche Situation: viel Zeit

Richard, ein kürzlich emeritierter[33] Professor für Klassische Philologie[34], ist in der DDR aufgewachsen, verwitwet und lebt allein in seinem Haus am See in Berlin. Obwohl sein Ruhestand abzusehen war, ist er sehr unsicher, wie sich sein „Lebensabend" gestalten wird. Er war ein anerkannter Wissenschaftler (S. 8 K/S. 9 P), seine Arbeit hat ihm immer viel bedeutet und war Mittel zur Problembewältigung (S. 9 K/S. 10 P). **Bildungsbürger Richard** hat nur wenige Freunde und ist nun mit sich selbst und viel Zeit konfrontiert, worunter er leidet. „Er muss aufpassen, dass er nicht irre wird, wenn er jetzt ganze Tage allein ist und mit niemandem spricht." (S. 14 K/ S. 16 P) Seine Gedanken kreisen nicht nur um seine Einsamkeit, sondern auch um einen kürzlich in dem vor seinem Haus gelegenen See **ertrunkenen Mann** und es scheint, als würde Richard den Zustand des Versinkens und Vergehens auf sich projizieren.

Motiv: der Ertrunkene im See

Von „Kriegswirren" geprägte Familiengeschichte

Richard wurde in Schlesien geboren. Als Säugling floh er mit seiner Mutter in den Westen, wobei er beinahe von ihr getrennt worden wäre, was durch das beherzte Eingreifen eines russischen Soldaten verhindert wurde, der Baby Richard „über die Köpfe vieler anderer Aussiedler hinweg noch ins Zugabteil" (S. 22 K/S. 25 P) hineinreichte. Sein Vater war Soldat in Norwegen und Russland gewesen, hatte den Krieg überlebt, war heimgekehrt und verstummt (S. 23 K/S. 26 P). Richards Frau Christel wäre als Kind während eines Angriffes gegen Kriegsende beinahe gestorben (S. 22 K/S. 25 P). Dieses Bewusstsein von Gefahr hat Richard mit seiner Frau verbunden.

Fragwürdige Beziehungen zu Frauen

Richards Frau war zur Alkoholikerin geworden, nachdem ihr Orchester, in dem sie als Bratschistin musiziert hatte, nach der Wie-

---

33 emeritiert: in den Ruhestand versetzt.
34 Wissenschaft, die ursprachliche lateinische und griechische Literatur erforscht.

3.4 Personenkonstellation und Charakteristiken

dervereinigung aufgelöst worden war. Auch die kinderlose Beziehung zu Richard – er hatte sie einst zu einer illegalen Abtreibung gedrängt (S. 296 K/S. 347 P) – war am Ende wohl unglücklich. Irgendwann hatte Richard eine Geliebte: „Weiß und voll wie ein Mond war jedenfalls ihr Hintern in den glücklichen Zeiten unter dem blauen Rock, den er so an ihr mochte, zum Vorschein gekommen." (S. 127 K/S. 148 P) Die Geliebte beendete die Beziehung, die Richard in allen Belangen zu dominieren versuchte (S. 125 ff. K/S. 146 f. P). Das Musikzimmer von Richards Frau ist inzwischen eine Art Rumpelkammer (vgl. S. 129 f. K/S. 150 f. P). **Richards Einstellung Frauen gegenüber ist fragwürdig**: Die viel jüngere, attraktive äthiopische Deutschlehrerin würde er gerne erobern, hat aber keinen Respekt vor ihr. Er unterstellt ihr, aus sexuellen Gründen Deutschunterricht zu geben: „Ob die einen schwarzen Mann will und nur deshalb hier unterrichtet?" (S. 81 K/S. 94 P) Eine realistische Einschätzung der Lage der Flüchtlinge und intelligentes Intervenieren traut er ihr nicht zu, Richard zeigt machohafte Züge.

Richard verfügt auch über eine Handvoll Freunde, die ihn zum Teil schon seit langem begleiten. Dennoch erscheinen die Beziehungen weitgehend oberflächlich zu sein. Lediglich **Sylvia**, inzwischen schwer erkrankt, zeigt Initiative und Interesse am Leben der anderen. Richards Position ist hier weitgehend passiv.

Oberflächlicher Freundeskreis

Richards Interesse für die Flüchtlinge entwickelt sich auf dem Umweg über **Homers *Odyssee***. Im Fernsehen hat er einen Bericht über die hungerstreikenden Flüchtlinge auf dem geräumten Alexanderplatz gesehen, die ihren Namen nicht nennen wollten. Richard, dem die Flüchtlinge in der Stadt nicht aufgefallen waren (S. 23 K/S. 27 P), gefällt die angestrebte Anonymität der Flüchtlinge, die ihn an Odysseus erinnert, der sich den Zyklopen gegenüber „Niemand" genannt hatte (S. 28 K/S. 32 P). Als ein beobachtender „Niemand" wäre Richard auch gern in einer von Flüchtlingen besetzten Schule

We become visible (S. 20 K/S. 27 P)

3.4 Personenkonstellation und Charakteristiken

aufgetreten, doch die Anwesenden werden aufgefordert, ihre Namen zu nennen: „Nein, Richard will seinen Namen nicht sagen." (S. 33 K/S. 38 P) Richard ergreift die Flucht.

Entwickelt Empathie für die Flüchtlinge

Bei den Afrikanern vom Oranienplatz, die inzwischen in seiner Nähe untergebracht sind, wagt er einen neuen Versuch. Er plant sein Vorgehen wie ein wissenschaftliches Projekt und beginnt, „einige Bücher zum Thema zu lesen und einen Fragenkatalog für die Gespräche, die er mit den Flüchtlingen führen will, zu entwerfen" (S. 44 K/S. 51 P). Eine persönliche Anteilnahme ist nicht vorgesehen. Diese Position hält Richard nicht durch. Verdächtigt er einen der Flüchtlinge, Rufu, zunächst noch, ihn bestohlen zu haben (S. 138 K/ S. 161 P), gibt er seine distanzierte Haltung peu à peu auf. Je mehr er vom Leben und der Flucht der Afrikaner erfährt, deren Geschichten ihn zum Teil hilflos verstummen lassen (S. 70 K/S. 81 P), umso mehr Empathie entwickelt Richard.

Kampf gegen die Bürokratie

Richard liest sich in die Asylgesetzgebung ein und muss erkennen, dass die Afrikaner aufgrund des Dublin-II-Abkommens **keine Chance auf Asyl in Deutschland** haben. Er sagt es ihnen nicht, er lässt sie aber auch nicht fallen: Er unterstützt sie, wo er nur kann. Der Familie des Ghanaers Karon Anubo kauft er sogar ein Grundstück.

Väterliche Beziehung zu Osarobo

Besonders hat es ihm der aus Niger stammende Osarobo angetan, dessen Verlorenheit ihn rührt, für den er väterliche Gefühle entwickelt und **mit Musik zurück ins Leben holen** will. Dennoch schämt sich Richard oft für seine halbherzigen Unterstützungen, wenn er ihm beispielsweise ein Rollklavier kauft (S. 252 K/S. 296 P). Umso größer ist dann aber Richards Betroffenheit, als in seine Wohnung eingebrochen wird und er annehmen muss, dass Osarobo der Täter sein könnte: „Richard weint, wie er seit dem Tod seiner Frau nie mehr geweint hat." (S. 275 K/S. 323 P)

Seine grundsätzliche Einstellung gegenüber den afrikanischen Flüchtlingen ändert sich danach dennoch nicht. Aus seinem Haus

3.4   Personenkonstellation und Charakteristiken

macht er nach „ungefähr 25 Telefonaten mit dem Sozialamt"
(S. 287 K/S. 337 P) eine Heimunterkunft und nimmt die ihm inzwischen vertrauten Flüchtlinge auf. **Im Kreise seiner schwarzen
Freunde** lebt Richard auf und zusammen mit ihnen und seinen Berliner Freunden feiert er nach langer Zeit wieder seinen Geburtstag.
Alle treffen sie sich weitgehend unbeschwert in seinem Garten:
Damit kreiert Richard eine soziale Utopie. Im Laufe des Romans
hat er eine Entwicklung durchgemacht (Bildungsroman) und wieder einen Lebensmittelpunkt gefunden: Seine durch den Ruhestand
entstandene freie Zeit hat er sinnvoll gefüllt.

*Höhepunkt
Geburtstagsfeier:
Soziale Utopie*

Die Flüchtlinge
Raschid
Raschid ist ein massiger (S. 51 K/S. 59 P) und jähzorniger Mensch.
Einmal in Rage geraten, verliert er die Kontrolle über sich, wobei
er auch Trümmer hinterlassen kann (vgl. S. 85 K/S. 99 P). Seine
Tobsuchtsanfälle treten immer dann auf, wenn er das Gefühl hat,
dass Vertreter deutscher Institutionen die Kontrolle über sein Leben
übernehmen oder ihn in seinen Rechten einschränken (vgl. S. 223 K/
S. 262 P). Sein Auftreten ist sehr selbstbewusst, so ergreift er in
einer Diskussion mit einem Senatsbeamten das Wort und unterstellt
diesem Wortbruch (S. 87 K/S. 101 P).

Jähzornig

   Manchmal überschreitet er die Grenze zur Anmaßung, so will
er – seinem Selbstverständnis als Mann entsprechend – dem Innensenator persönlich seine Forderungen vortragen: „I don't know.
Dreimal hab ich in den letzten acht Wochen versucht, den Innensenator persönlich zu sprechen. Von Mann zu Mann. Three times."
(S. 230 K/S. 270 P) Dass er von dem Innensenator nicht als adäquater
Verhandlungspartner angesehen wird, sieht der aus einer anderen
Kultur stammende Raschid nicht. Raschid will mit allen Mitteln –
dabei nimmt er auch auf seine angeschlagene Gesundheit keine

*Kämpfer für alle
Flüchtlinge gegen
die Bürokratie*

3.4   Personenkonstellation und Charakteristiken

Rücksicht – die europäische Asylgesetzgebung ändern: „Aber wir wollen doch hier keine Lösung für uns allein, sagt Raschid, sondern für sämtliche Flüchtlinge in Europa. Deswegen hieß unser Camp auf dem Platz ja Protestcamp. Das Gesetz kann so, wie es ist, nicht bleiben." (S. 194 K/S. 227 P)

Raschids Lebenslauf

Raschid ist gebürtiger Nigerianer und gelernter Schlosser, in Kaduna gründet er eine Firma. Arbeit ist für ihn „so natürlich wie Atmen" (S. 206 K/S. 241 P), deshalb macht ihm wie allen anderen auch das Warten und Nichtstun zu schaffen. Im Zuge der **Konflikte zwischen Moslems und Christen** wurden er und seine Familie von bewaffneten Christen überfallen, sein Vater ermordet, das Haus zer-

Familienmensch

stört. „Das Paradies liegt unter den Füßen der Mutter", sagt Raschid (S. 98 K/S. 114 P). Doch ohne sie geht er nach Libyen, heiratet und bekommt die Kinder Ahmed und Amina. Er ist ein sehr fürsorglicher Vater (vgl. S. 202 K/S. 237 P), fühlt sich in einer familiären Umgebung wohl (S. 174 K/S. 204 P) und ist auch im Spandauer Flüchtlingsheim auf das Wohlergehen der dort lebenden Kinder

Verliert durch den Bürgerkrieg in Libyen alles

bedacht (S. 231 K/S. 271 P). Das Idyll in Tripolis hat ein Ende, als der Bürgerkrieg kulminiert. Zusammen mit seinen Kindern wird Raschid aufgegriffen, ausgeplündert, inhaftiert und dann gemeinsam mit etwa 800 anderen Menschen in ein Boot gesetzt. Nach einer mehrtägigen **Irrfahrt** auf dem Mittelmeer und die Rettung vor Augen havariert das Boot: Zahlreiche Menschen ertrinken, darunter seine Kinder. Raschid gelangt nach Italien. Seine Frau lässt sich später von ihm scheiden (S. 205 K/S. 240 P).

Zeus: Kampf gegen die europäische Bürokratie

Seine tiefe Verzweiflung lässt Raschid eine ungeheure Energie entwickeln: „Innerhalb der nächsten zwei Wochen beschafft Raschid seinen Leuten Arbeit als *volunteers*." (S. 175 K/S. 205 P) Dabei nimmt er, der herzkrank ist, bei seinen Aktivitäten keine Rücksicht auf sich selbst: „[...] er sollte vor drei Monaten operiert werden, aber dann ist er aus dem OP-Vorbereitungsraum weggelaufen, um

3.4   Personenkonstellation und Charakteristiken

sich um seine Leute zu kümmern." (S. 224 K/S. 263 P) Er stellt
sein eigenes Leben in den Dienst der Sache. Seine angeschlagene Gesundheit verschafft Raschid eine Duldung. Zunächst jedoch
erhält er nach seiner Einzelfallprüfung die amtliche Aufforderung,
nach Italien zurückzukehren. Daraufhin übergießt er sich auf dem
Oranienplatz mit Benzin und droht, sich zu verbrennen (S. 279 K/
S. 327 P). Nach dem Duldungsbescheid wird ihm ein Zimmer in
einem Wohnheim der Arbeiterwohlfahrt zugewiesen, bis er von Richard in sein Haus geholt wird.

Raschid imponiert Richard mit seiner massiven Körperlichkeit
und auch mit seinem **Zorn**, so wird er von ihm „Blitzeschleuderer"[35]
(S. 99 K/S. 115 P) genannt. Raschid seinerseits hat großen Respekt
vor Richard, stets begleitet er ihn nach dem Ende seiner Besuche im
Heim zur Tür. Die gemeinsame Feier des Weihnachtsfests (S. 199 K/
S. 233 ff. P) lässt beide näher zusammenrücken.

Vaterfigur

Osarobo

Osarobo ist 18 Jahre alt (S. 108 K/S. 126 P), eine verlorene Seele und
vielleicht ein Einbrecher und Dieb. Fragt man ihn nach persönlichen Wünschen, zuckt er stets mit den Schultern (S. 104, 106 K/
S. 121, 123 P). Dieses Schulterzucken wirkt, als hätte er jegliche
Hoffnung und Perspektive für sich verloren (S. 210 K/S. 295 P).
Er ist sehr verschlossen, ein Gespräch mit ihm ist schwierig: „Richard wüsste gern, welche Fragen ins Land der schönen Antworten
führen." (S. 107 K/S. 125 P)

Schulterzuckender
Afrikaner aus
Niger

Geboren wird Osarobo in Niger. Später geht er zu seinem Vater
nach Libyen, wo er in den gegen Gaddafi gerichteten Bürgerkrieg
gerät und seinen Vater verliert: „Osarobo hat mit fünfzehn Jahren gesehen, wie man seinen Vater und seine Freunde erschlug." (S. 252 K/

„Life is crazy"

---

35   Der höchste olympische Gott Zeus aus der griechischen Mythologie gilt als Blitzeschleuderer.
Raschid kann ebenfalls als Vaterfigur gesehen werden, der sich um seine „Kinder" kümmert.

3.4 Personenkonstellation und Charakteristiken

S. 296 P) Als 15-jähriger flieht er über das Mittelmeer nach Italien, wo er in Neapel und Mailand lebt und wo die Menschen den Platz wechseln, wenn er sich neben sie setzt (S. 108 K/S. 125 P). Bereits jetzt zieht Osarobo das Leben betreffend ein Fazit: „Life is crazy, life is crazy, life is crazy." (S. 107 K/S. 125 P)

Vgl. auch Prüfungsaufgabe 1, S. 123

Von Richard im Flüchtlingsheim um ein Gespräch gebeten, zeigt er sich zunächst abweisend (S. 105 f. K/S. 121 f. P), auch in dem Gespräch selbst lässt er Richard nicht an sich heran. Nur einmal öffnet er sich und fragt Richard, **ob er an Gott glaubt**. Als er spürt, dass Richard mit der Frage nichts anfangen kann, „sinkt er wieder in sich zusammen [...], verliert sich sein Blick wieder in dem unsichtbaren Gestrüpp, mit dem für ihn die Luft gefüllt ist"(S. 109 K/S. 127 P). Auch zu seiner Familie – Mutter und Schwester leben noch in Niger – hat Osarobo keinen Kontakt mehr (S. 107 K/S. 124 P).

Löst in Richard Vatergefühle aus

Osarobos Verlorenheit rührt Richard. Er möchte ihn „ins Leben" zurückkaufen (S. 110 K/S. 128 P). Von Richard nach einem Wunsch gefragt, möchte Osarobo Klavier spielen. Dabei war er noch nie vor einem Klavier gesessen, wie sich später herausstellen wird (S. 130 K/S. 151 P). Richard öffnet dem Flüchtling sein Haus und unterrichtet Osarobo in Klavierspielen, wobei er sich seiner Unterstützung, die alles in allem ungenügend ist, oft schämt (S. 252 K/S. 296 P).

Osarobos psychischer Zustand ist desolat. Er vergisst den Termin mit Richard (S. 124 K/S. 145 P) und dann findet er den Weg zu Richards Haus nicht mehr: „Was statt der Erinnerung an ein paar vorstädtische Straßen in Osarobos Kopf ist, kann er sich inzwischen ungefähr denken." (S. 170 f. K/S. 199 f. P) Fremde Menschen schüchtern Osarobo ein. Das zeigt sich, als Sylvia und Detlef ihrem Freund Richard vor Silvester einen Besuch abstatten: „Osarobo steht auf und gibt den beiden die Hand, aber sein Blick flackert

3.4   Personenkonstellation und Charakteristiken

hin und her, es sieht so aus, als wäre er gern irgendwo anders, wo nicht zwei fremde Menschen auf einmal zur Tür herein kommen." (S. 211 K/S. 247 P)

Als Heimatloser in jeder Beziehung fühlt sich Osarobo niemandem verpflichtet – auch seinem Wohltäter Richard nicht. Neuer Papiere wegen verschwindet der Afrikaner von heute auf morgen nach Italien, ohne Richard etwas zu sagen. Aus Italien zurückgekehrt, nimmt er die Besuche wieder auf, doch **die Initiative geht von Richard** aus, der ihm ein Rollklavier schenkt, wofür sich Osarobo brav bedankt. Ihm steht der Sinn allerdings weniger nach Musizieren, sondern eher nach einem Job. In dieser Zeit bekommt er Bescheid vom Ausländeramt, dass er Berlin verlassen muss. Um an Geld zu kommen, packt er Päckchen für eine Hilfsorganisation, allerdings nur einmalig (S. 251 f. K/S. 295 f. P). Osarobo fragt Richard nach Arbeit, doch der kann ihm nicht helfen. Vielleicht bricht Osarobo, als Richard in Frankfurt ist, bei ihm ein und bestiehlt ihn. Da er als Einziger von Richards Reise weiß, wird er von Richard des Einbruchs verdächtigt.

Mehrmals verabredet sich Richard mit Osarobo, jedes Mal sagt Osarobo zu und kommt dann doch nicht. Nach einiger Zeit erst meldet er sich wieder bei Richard, doch ein richtiger Kontakt kommt nicht mehr zustande (S. 290 K/S. 339 f. P). Richard kann die Sache mit dem Einbruch nicht mehr mit ihm klären. Osarobo ist der einzige der ehemaligen Oranienplatzbesetzer, der nach dem Ende der Einzelfallprüfungen nicht bei Richard wohnt.

Karon Anubo

Das Leben des in Ghana geborenen Karon Anubo ist von bemerkenswerter Härte und eine Aneinanderreihung von Misserfolgen. Schon mit acht oder neun Jahren wird er von seinen Eltern zur Stiefmutter abgeschoben, mit elf Jahren muss er für einen Hungerlohn

> Des Einbruchs verdächtig: „Oder war Osarobo es doch nicht?" (S. 275 K/S. 323 P)

> Kontakt bricht ab

> „Der dünne Ghanaer"

3.4 Personenkonstellation und Charakteristiken

Kinderarbeit

als Erntehelfer auf einem Feld arbeiten (S. 117 K/S. 136 P). Mit 18 Jahren finanziert er sich mit dem mühsam verdienten Geld einen Kiosk, den er ein Jahr später verkauft, um nach Kumasi zu gehen. Dort macht er eine kaufmännische Lehre bei zwei Schuhverkäufern. In dieser Zeit lernt er eine junge Frau kennen, die er gerne heiraten würde, doch die Eltern der Frau verbieten die Ehe wegen seiner Armut. Zu allem Überfluss machen die zwei Schuhverkäufer Konkurs, so dass Karon Anubo zu seinen Eltern zurückkehrt, die ihn jedoch schon nach einem Tag vor die Tür setzen.

Selbstmord-gedanken

„I didn't feel well in my body in that time", sagt er über diese Zeit (S. 117 K/S. 136 P). Er findet Arbeit auf einer Farm, wo er sich um die Tiere kümmert. Der Farmer allerdings zahlt ihm seinen Lohn nicht aus, weshalb Karon Anubo mittellos bleibt. Als sein Vater stirbt, arbeitet er für wenig Geld auf anderen Farmen, um zu der Beisetzung seines Vaters fahren zu können. Nach der Beisetzung und einem Intermezzo auf einer Kakaoplantage geht Karon Anubo nach Accra und versucht, ein Geschäft als Schuhverkäufer aufzuziehen, scheitert aber. Er verdingt sich wieder als Erntehelfer und möchte schließlich nur noch sterben. Um sich zu vergiften, will er das Insektizid DDT kaufen. Doch der Verkäufer redet ihm ins Gewissen und er lässt davon ab. Er nimmt einen neuen Anlauf als Straßenhändler und Lieferant eines Rohstoffes für Paracetamol und scheitert wieder (S. 121 ff. K/S. 141 ff. P).

Via Italien nach Deutschland

Entmutigt von seinem Leben in Ghana, kommt er mit Hilfe eines Schleppers nach Libyen, wo er auf einer Baustelle sein Geld verdient. Dann bricht der Aufstand gegen Gaddafi aus und Anubo flieht über das Mittelmeer nach Italien. Ein Jahr lebt er in einem Camp auf Sizilien. Nach der Schließung des Camps und mit 500 € ausgestattet, geht er in der Hoffnung nach Finnland, dort bei einem Bekannten leben zu können, strandet dort, kehrt nach Italien zurück und reist dann nach Deutschland.

3.4 Personenkonstellation und Charakteristiken

Durch die psychischen Strapazen hat Karon stark an Gewicht verloren. Er ist so dünn geworden, dass sein aktuelles Aussehen erheblich vom Foto in seinen Papieren abweicht. Dies bringt ihm eine Vorladung zur erkennungsdienstlichen Behandlung ein (S. 212 K/ S. 249 P). „I have no body" (S. 234 K/S. 274 P), schreibt er an Richard. Die fehlerhafte Orthografie ist durchaus metaphorisch zu verstehen: Es ist, als würde er sich unter der Ungewissheit seines Asylgesuchs und dem **Druck der afrikanischen Tradition** auflösen wollen.

Druck durch Tradition

Karon Anubo ist der Älteste von drei Geschwistern und nach den dortigen Sitten für die Existenzsicherung seiner Mutter und Geschwister verantwortlich, worunter er sehr leidet (S. 214 K/S. 251 P). „Aber noch etwas anderes versteht Richard in diesem Moment: dass Karons Sorgen ihn schon so aufgefressen haben, dass er sogar Angst davor hat, zu hoffen." (S. 217 K/S. 255 P) Richard kauft schließlich für den Lebensunterhalt seiner Familie in Ghana ein Grundstück. Zunächst mag es Karon kaum glauben (S. 217 K/S. 255 P), dann, als der Kauf Realität geworden ist, ist er Richard zutiefst dankbar.

Hilfe durch Richard

Für Karon Anubo selbst sind die Umstände weniger günstig. Nach seiner Einzelfallprüfung wird seine Rückkehr nach Italien verfügt, woraufhin er wie die anderen Abgewiesenen sein Zimmer räumen muss. Auch er wird von Richard in sein Haus aufgenommen.

Ausweisung aus Deutschland

Awad

Awad geht als Einziger der Afrikaner direkt auf Richard zu und gibt ihm zu verstehen, dass er mit ihm sprechen möchte (S. 61 K/S. 71 P). Er ist der Meinung, dass „wenn jemand irgendwo ankommen wolle, dürfe er nichts verbergen" (S. 63 K/S. 73 P). Geboren wurde er in Ghana. Seine Mutter starb bei seiner Geburt, bis zu seinem siebten Lebensjahr wurde er von der Großmutter mütterlicherseits aufgezogen. Dann tauchte sein Vater wieder auf und nahm ihn mit

Tristan: kindlich-offener Ghanaer

nach Libyen, wo er sich eine Existenz aufgebaut hatte. Awad wurde Automechaniker und hatte „ein gutes Leben" (S. 66 K/S. 76 P). Alles änderte sich durch den **Aufstand gegen Gaddafi**, in dessen Verlauf Awads Vater erschossen wurde und Awad nach kurzer Internierung in ein Boot gesetzt wurde, das nach vier Tagen Italien erreichte.

Oranienplatz als Heimat

In Italien angekommen lebte er neun Monate in einem Camp auf Sizilien, ehe er auf der Straße lebte. Glücklicherweise konnte er in dieser Zeit drei Tage als Hilfskraft in einer Küche arbeiten, wo er 80 € verdiente. Dieses Geld investierte er in ein Flugticket nach Deutschland. Er strandete in Berlin, verbrachte einige Tage auf dem Alexanderplatz, bis er auf den Oranienplatz aufmerksam gemacht wurde. Dort angekommen musste er angesichts der wenig einladenden Zelte weinen (S. 72 K/S. 83 P). Als er vertraute Sprachen hörte, Essen und Zuwendung erfährt, änderte sich seine Einstellung zum Oranienplatz, den er „nie vergessen und immer in Ehren halten" (S. 72 K/S. 83 P) wird.

Psychisch erkrankt

Awad hat ein schweres psychisches Leiden. Durch den Verlust des Vaters und die Kriegserfahrungen wird er oft von Kopfschmerzen und stundenlangen Weinkrämpfen gepeinigt (S. 74 K/S. 86 P). In diesem Zustand entgleitet ihm die Realität und er verliert sich in einer **Art von Paranoia** (vgl. S. 145 f. K/S. 169 f.). Dieses Leiden sichert ihm allerdings nicht den Status eines anerkannten Flüchtlings, denn da Awad zuerst in Italien europäischen Boden betreten hat, ist wie auch bei den anderen Flüchtlingen Italien für ihn zuständig.

Wirtschaftsflüchtling

Erschwerend für seine Situation kommt hinzu, dass Ghana als sicheres Land gilt und er deshalb keinen Anspruch auf Asyl hat. Verfolgt wurde er schließlich nicht in Ghana, sondern in Libyen. Aufgrund eines Attests seiner Psychologin wird ihm im Zuge seiner Einzelfallprüfung eine **Duldung für sechs Monate gewährt**.

3.4 Personenkonstellation und Charakteristiken

Untergebracht wird er in einem Obdachlosenheim, dessen Milieu er als Zumutung empfindet. Von Richard wird er dort herausgeholt und in seinem Haus untergebracht.

Für Richard ist er „Tristan" aus dem Versepos des Gottfried von Straßburg (S. 73 K/S. 84 P).

Traurig

Apoll, der Junge

Der Junge sieht so aus, wie Richard „sich Apoll immer vorgestellt hat" (S. 57 K/S. 66 P). Dieser Apoll ist intelligent und durchschaut sofort Richards Naivität und Provinzialität. Er antwortet auf Richards Frage nach seiner Herkunft, dass er aus der Wüste komme, und amüsiert sich über Richards Unwissenheit, bevor er ihn aufklärt, dass er aus Niger stammt und Tuareg ist. Seine Eltern und seine Herkunft sind ihm unbekannt. Vielleicht sind sie bei den Kämpfen zwischen aufständischen Tuareg und nigrischen Truppen ums Leben gekommen, vielleicht haben sie ihn verkauft – der Junge weiß es nicht. Bei einer ihm fremden Familie musste er sich um die Tiere kümmern und **wurde wie ein Sklave behandelt**: „Befreundet war er nur mit den Tieren." (S. 58 K/S. 68 P)

Elternloser Tuareg aus Niger

Der Junge, der im Roman keinen Namen trägt, wurde 1991 geboren und lebte bei Arlit, jener Gegend, in der die französische Atomindustrie (Areva) in den 1990er-Jahren Uran abzubauen begann. Der Junge arbeitete allerdings nicht in den Uranbergwerken, sondern verkaufte Kamele in Libyen und zog schon mit zehn Jahren mit einer Karawane durch die Sahara. Vermutlich hat er Niger Richtung Libyen verlassen und ist von Libyen aus nach Italien geflohen, denn **die Tuareg wurden in Niger verfolgt** (S. 180 K/S. 210 P). In Italien lebte er sechs Monate auf der Straße. „Apoll" ist sprachbegabt, so spricht er inzwischen außer seiner Muttersprache Tamashek Arabisch sowie Französisch und lernt jetzt ambitioniert Deutsch. Dem beeindruckten Richard gewährt er einen Einblick in das Nomaden-

Lebenseinstellung: fatalistisch

⇨ Tuareg: vgl. auch Prüfungsaufgabe 3, S. 130

leben (S. 60 f. K/S. 69 f. P) und die Beisetzungszeremonien der Tuareg (S. 255 K/S. 299 P).

Verhilft Richard zu philosophischen Einsichten

Hinsichtlich seiner Lage in Deutschland zeigt sich der Junge fatalistisch, so will er bei seiner Anhörung bei der Ausländerbehörde schlicht und einfach seine Geschichte erzählen: „Wenn ich gehen muss, kann ich gehen, sagt Apoll." (S. 180 K/S. 211 P) Tatsächlich muss Apoll gehen. Zwar hat er eine **deutsche Freundin**, doch die will er nicht heiraten, weil sie denken könnte, dass er es der Aufenthaltsberechtigung wegen tue. Er hat klare Vorstellungen: „Erst muss ich eine Arbeit haben, dann eine Wohnung, dann kann ich heiraten und dann Kinder bekommen." (S. 295 K/S. 345 P) Bis zu seiner Abreise lebt er dann bei Richard.

Tuareg: Nomaden und Geschichten-erzähler

Der Junge fasziniert Richard durch seine Lebensweise: „Aber noch nie ist ihm der Zusammenhang zwischen Raum, Zeit und Dichtung so klar geworden wie in diesem Moment." (S. 160 K/S. 187 P)

Ithemba

Nigerianer, der zurück nach Afrika möchte

Der 190 cm große, mit einem Glasauge versehene Ithemba ist Nigerianer und floh wegen der **Kämpfe zwischen Yoruba und Hausa** nach Libyen (S. 254 f. K/S. 298 f. P). Dabei überlebte er einen dreitägigen Marsch durch die algerisch-libysche Wüste. Von Libyen aus gelangte er über das Mittelmeer nach Lampedusa, möchte von dort aber sofort zurück nach Libyen (S. 258 K/S. 303 P). Richard lernt ihn bei seinem ersten Besuch im Heim im „Nigeria"-Zimmer zusammen mit Raschid, Zair und Abdusalam kennen. Ithemba, der Koch, möchte nun in Deutschland bleiben und erhofft sich Unterstützung von seinem Anwalt, zu dem er sich von Richard begleiten lässt und der den Juristen auch bezahlt. Angesichts der deutschen Bürokratie fühlt sich Ithemba hilflos, denn er wird von amtlichen Schreiben „in Schrecken versetzt" (S. 258 K/S. 303 P).

3.4   Personenkonstellation und Charakteristiken

Auch für ihn gilt das Dublin-II-Abkommen und er muss nach Italien zurückkehren. Als er den entsprechenden Bescheid erhält und aufgefordert wird, „sein Zimmer zu verlassen, schneidet er sich vor den Augen der Beamten die Pulsadern auf und wird in die Psychiatrie abtransportiert" (S. 279 K/S. 327 P). Mit dieser Maßnahme erzwingt er eine vierwöchige **Duldung** mit Option auf Verlängerung und wird nach seiner Entlassung aus der Klinik auf einem Schiff untergebracht zusammen mit Menschen, die er „No good people" (S. 284 K/S. 332 P) nennt. Von Richard wird er dort heraus und in sein Haus geholt und fungiert nun als „Küchenchef". Dort geht es ihm „A little bit good" (S. 288 K/S. 337 P).

Selbstmordversuch

Aufnahme bei Richard als Koch

Rufu

Rufu ist Richards Wohltäter, als dieser beim Einkaufen seine Geldbörse vergessen hat und Rufu seinen Einkauf bezahlt (S. 138 K/S. 161 P). Als Richard ihm später die entsprechende Summe zurückzahlen will, nimmt Rufu nur die Hälfte des Betrages. Rufu liest bei Richard Dantes *Göttliche Komödie* im italienischen Original (S. 139 K/S. 162 P).

Rufu ist ein sehr einsamer Mensch. Er wird beschrieben als jemand mit einem „schmerzlichen Zug um den Mund" (S. 138 K/S. 161 P) und einer in seinem Gesicht festgeschriebenen, auffälligen „Bitterkeit". Gruppen im Flüchtlingsheim schließt er sich nicht an. So kommt es beim Deutschunterricht zu einer für alle deprimierende Situation:

Sehr einsam

> „Nun, da die Lehrerin den Gegensatz von Perfekt und Präsens verdeutlichen will, fragt sie nach einem von ihnen, der immer ganz allein sei, der keinen Freund habe und mit niemandem spreche. [...] Es folgt ein Murmeln und aus dem Murmeln bildet sich allmählich ein Name, der Name ist Rufu." (S. 135 K/S. 157 P)

Hilflos und überfordert

Als der Deutschunterricht in eine Volkshochschule verlegt wird, und sich die Afrikaner zur Abfahrt dorthin sammeln, ist Rufu nicht unter ihnen. Richard muss nach ihm suchen und fährt ihn schließlich zur Schule (S. 164 ff. K/S. 192 ff. P). Hilflosigkeit zeigt Rufu angesichts einer schweren gesundheitlichen Krise, als er unter den **Nebenwirkungen eines Psychopharmakons** leidet. Wieder ist es Richard, der dem „vierundzwanzigjährigen Greis" (S. 243 K/S. 285 P) zur Seite steht, indem er ihn zuerst zu einem engagierten Psychiater bringt, der eine Karies feststellt, und dann zu seinem Zahnarzt, der den erkrankten Zahn behandelt (S. 247 f. K/S. 290 ff. P).

Aufnahme bei Richard

Von Rufus Fluchtgeschichte ist nur wenig bekannt. Er stammt aus Burkina Faso und hat in Italien erstmals europäischen Boden betreten, weshalb er nach seiner Einzelfallprüfung aufgefordert wird, nach Italien zurückzukehren. Er kann bei Richard wohnen, der angesichts Rufus schwarzem Gesicht an den schwarzen Mond von Wismar denken muss (S. 135 K/S. 158 P).

Nebenfiguren

Detlef

Richards ältester Freund

Detlef ist einer von Richards ältesten Freunden und wohnt zusammen mit seiner zweiten Frau Sylvia „drei Gärten weiter" (S. 75 K/S. 87 P) in Richards Nähe. Mit seiner ersten Frau Marion, von der er sich in Freundschaft getrennt hat, hat er einen Sohn, der erfolgreich als Ingenieur arbeitet. Detlef selbst hat in der DDR als Innenarchitekt gearbeitet. Inzwischen ist er im Ruhestand und bereiste mit Sylvia bis zu deren Erkrankung Europa.

Wird seine Frau verlieren

Zusammen mit Sylvia unterstützt er Richard, auch in seinem Umgang mit den Flüchtlingen. Nach dem Einbruch in Richards Wohnung verteidigt Detlef Osarobo (S. 268 K/S. 315 P). Er und Sylvia lassen drei Flüchtlinge in ihrem Gästehaus wohnen. An Richards

3.4 Personenkonstellation und Charakteristiken

Geburtstag ist klar, dass Detlef seine Frau verlieren wird: Sie liegt bereits mit schlechter Prognose im Krankenhaus.

Sylvia

Die mit Detlef verheiratete Sylvia „ist eine Stille" (S. 77 K/S. 90 P). In der DDR hatte sie als Typografin gearbeitet, nach dem Mauerfall war sie arbeitslos geworden. Sie ist die zweite Frau Detlefs und schwer krank (vgl. S. 77 K/S. 90 P). Später wird sie bei einer im Krankenhaus stattfindenden Untersuchung direkt stationär aufgenommen, denn „es sieht nicht gut aus" (S. 293 K/S. 343 P). Zusammen mit ihrem Mann **gehört Sylvia zu den Unterstützern Richards**, auch sie nehmen Flüchtlinge auf. Sylvia scheint als Einzige den kleinen Freundeskreis rund um Richard zu pflegen: „Was wird sein, wenn Sylvia, die ihn [Richard] oder Thomas oder auch ein paar von den Berliner Freunden manchmal einfach so anruft, nicht mehr da ist?" (S. 157 K/S. 184 P)

Detlefs zweite Ehefrau

Anne

Die Fotografin Anne „war eine Wilde. Zwei, drei Nächte hat Richard kurz nach dem Abitur mit ihr verbracht, nach dem Mauerfall hat sie dann eine Weile in Frankreich gelebt, aber seit zwei Jahren ist sie wieder hier, um sich um ihre alte Mutter zu kümmern." (S. 77 K/S. 89 P) Anne ist weder konventionell noch trägt sie Vorurteile vor sich her, weshalb sie den Flüchtling Ali, der so gerne Krankenpfleger werden würde, ihre Mutter betreuen lässt – auch wenn ihre Mutter wenig Begeisterung darüber zeigt.

Hatte mit Richard eine Affäre

Offen wie Anne ist, nimmt sie den jungen Mann als Mensch wahr und registriert seine Intelligenz: „Er ist unglaublich talentiert, schreibt sie. Unter anderen Umständen würde er wahrscheinlich längst Medizin studieren." (S. 206 K/S. 242 P) Anne ist es auch, die Richard nach dem Einbruch in seine Wohnung beisteht und ihm rät,

Ohne Vorurteile, nimmt Ali auf

3.4   Personenkonstellation und Charakteristiken

mit dem verdächtigten Osarobo Kontakt aufzunehmen (S. 269 ff. K/ S. 315 ff. P). Als Ali zur Ausreise nach Italien aufgefordert wird, lässt sie ihn zusammen mit seinem Freund Yussuf bei sich wohnen.

Deutschlehrerin

Äthiopierin

Die junge Deutschlehrerin äthiopischer Abstammung gibt Unterricht in der Flüchtlingsunterkunft. Sie gefällt Richard, der sie gerne näher kennenlernen möchte. Ihre Interessen beschränken sich jedoch auf ihre afrikanischen Schützlinge und den Deutschunterricht.

Weitere Personen
Freunde von Richard:

→ Marion (Detlefs erste Frau) und ihr Mann
→ Monika und Jörg (haben in Bezug auf Flüchtlinge eine andere Einstellung)
→ Andreas (Hölderlinleser)
→ Thomas (früher Wirtschaftsprofessor, jetzt Computerspezialist, wird von seiner Frau dominiert)
→ Peter (Archäologe), Freund von Marie (20-jährige Studentin)
→ und weitere (vgl. S. 76 ff. K/S. 87 ff. P).

Afrikanische Flüchtlinge:

Ali, Moussa, Yaya, Khalil, Mohamed, Zani, „Hermes", Yussuf, Zair.

Und: Abgeordnete, Personen vom Sicherheitsdienst, Betreuer in den Einrichtungen, Polizisten, Journalisten und Aktivisten, Rechtsanwalt u.a.

3.4   Personenkonstellation und Charakteristiken

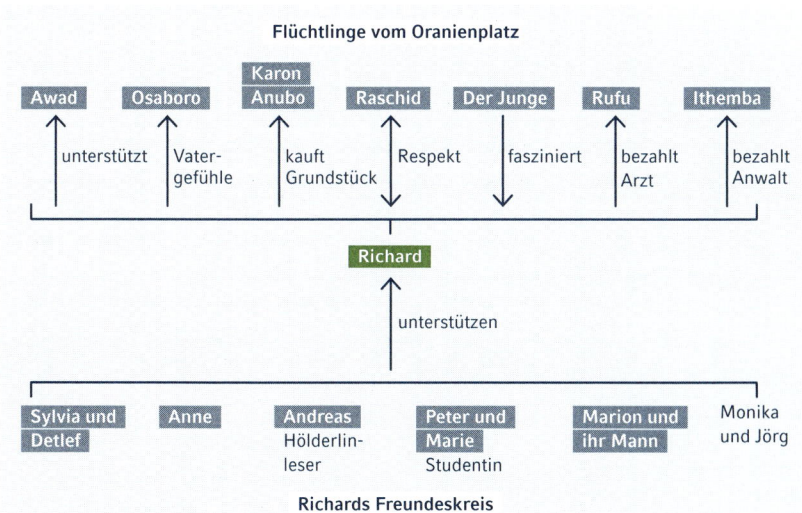

3.5 Sachliche und sprachliche Erläuterungen

Vorwort	**Wolfgang Pauli**	Österreichischer Physiker und Nobelpreisträger (1900–1958)
Vorwort	**Heiner Müller**	Deutscher Dramatiker (1929–1995)
Vorwort	**Martin Luther King**	Amerikanischer Baptistenpfarrer und Bürgerrechtler (1929–1968)
S. 8 (S. 9)[36]	**Proust**	Marcel Proust (1871–1922), bedeutender französischer Schriftsteller
S. 8 (S. 9)	**Dostojewski**	Fjodor Michailowitsch Dostojewski (1821–1881), bedeutender russischer Schriftsteller
S. 9 (S. 10)	**Lukrez**	Römischer Dichter und Philosoph (etwa 97 v. Chr.–55 v. Chr.)
S. 9 (S. 10)	**Ovid**	Römischer Dichter (43 v. Chr.–ca. 17 n. Chr.), Schöpfer der *Metamorphosen*
S. 11 (S. 13)	**Odyssee**	Epos des Homer (8. Jahrhundert v. Chr.): schildert die Heimkehr des Odysseus aus dem Trojanischen Krieg
S. 11 (S. 13)	**Emeritierung**	Übergang eines Professors in den Ruhestand
S. 11 (S. 13)	**Kanapees**	Häppchen
S. 13 (S. 15)	***Bein zu Bein, ...***	*Merseburger Zaubersprüche*: in Althochdeutsch verfasste Schriften heidnischer Provenienz (10. Jahrhundert)
S. 13 (S. 15)	**Antiquar**	Händler alter, evtl. wertvoller Bücher
S. 17 (S. 18)	**Rotes Rathaus**	Aus rotem Sandstein erbauter Sitz des Berliner Senats, am Alexanderplatz gelegen

---

36 Die erste Seitenzahl verweist auf die Klettausgabe, die zweite Seitenangabe in Klammern auf die Penguin-Ausgabe: S. 8 Klett (S. 9 Penguin).

3.5 Sachliche und sprachliche Erläuterungen

S. 17 (S. 19)	**Rzeszów**	Stadt in Polen
S. 18 (S. 21)	**Deadline**	Hier: Redaktionsschluss
S. 23 (S. 26)	**Archimedes**	Antiker Mathematiker und Physiker (285 v. Chr.–212 v. Chr.)
S. 24 (S. 28)	**Luther**	Martin Luther, deutscher Reformator (1483–1546)
S. 26 (S. 30)	**„Entartete Kunst"**	Nationalsozialistischer Terminus für missliebige Kunstwerke; diffamierende Ausstellung 1937–1941
S. 26 (S. 32)	**Zyklopen**	Einäugige Gestalten aus der griechischen Mythologie
S. 28 (S. 33)	**Lampedusa**	Vor Italien gelegene Insel: viele Flüchtlinge betreten hier erstmals Europa.
S. 32 (S. 36)	*Habe nun, ach [...] Philosophie,/ ...*	Zitat aus Goethes *Faust I*
S. 37 (S. 42)	**Goldberg-Variationen**	Komposition von Johann Sebastian Bach
S. 37 (S. 43)	**Weihnachts-oratorium**	Komposition von Johann Sebastian Bach
S. 38 (S. 44)	**Lenné**	Peter Joseph Lenné, deutscher Gartenbaumeister (1789–1866)
S. 38 (S. 44)	**Hermes**	Griechischer Götterbote und Schutzgott der Reisenden, Kaufleute, Hirten, Diebe und Schelme; Erkennungszeichen: Heroldstab, Flügelschuhe, Flügelhaube oder Reisehut
S. 46 (S. 53)	**Lüderitz**	Franz Adolf Eduard Lüderitz, Gründer der Kolonie Deutsch-Südwestafrika, heute Namibia
S. 46 (S. 53)	**Bismarck**	Otto von Bismarck (1815–1898), erster deutscher Reichskanzler

3.5 Sachliche und sprachliche Erläuterungen

S. 47 (S. 55)	**Geburtstages unserer Republik**	7. Oktober, Gründungstag der DDR und DDR- Nationalfeiertag
S. 51 (S. 58)	**Queue**	Billardstock
S. 52 (S. 60)	**Scharia**	Islamisches Rechtssystem
S. 52 (S. 60)	**Kaduna**	Stadt und Bundesstaat in Nigeria
S. 57 (S. 66)	**Apoll**	Griechischer Gott
S. 57 (S. 66)	**Dante**	Dante Alighieri (1265–1321), italienischer Dichter und Philosoph: Schöpfer der *Göttlichen Komödie*
S. 57 (S. 66)	**Agrigento**	Stadt auf Sizilien
S. 57 (S. 66)	**Diorama**	3D-Schaubild
S. 61 (S. 71)	**Scirocco**	Heißer Wind
S. 63 (S. 73)	***wsjo w porjadkje***	Russisch: Alles in Ordnung
S. 70 (S. 81)	**Foucault**	Paul-Michel Foucault (1926–1984), französischer Philosoph und Soziologe
S. 70 (S. 81)	***Mi dispiace, poco lavoro.***	Es tut mir leid, wenig Arbeit.
S. 70 (S. 81)	**Baudrillard**	Jean Baudrillard (1929–2007), französischer Philosoph und Soziologe
S. 70 (S. 81)	**Hegel**	Georg Wilhelm Friedrich Hegel (1771–1831), deutscher Philosoph
S. 70 (S. 81)	**Nietzsche**	Friedrich Nietzsche (1844–1900), deutscher Philosoph

3.5 Sachliche und sprachliche Erläuterungen

S. 70 (S. 81)	*Sempre poco lavoro.*	Immer wenig Arbeit.
S. 71 (S. 82)	**Goethes Iphigenie**	Goethes *Iphigenie auf Tauris* auf Grundlage Euripides' *Iphigenie bei den Taurern*
S. 72 (S. 84)	**Gottfried von Straßburg**	Mittelalterlicher Dichter, Schöpfer des *Tristan*
S. 78 (S. 90)	**Carmen**	Oper von Georges Bizet
S. 78 (S. 91)	**Hölderlin**	Friedrich Hölderlin (1770–1843), bedeutender deutscher Lyriker
S. 89 (S. 103)	**Belletristik**	Unterhaltungsliteratur
S. 101 (S. 117)	**Typographin**	Schriftsetzerin
S. 117 (S. 136)	**Kumasi**	Stadt in Ghana
S. 118 (S. 138)	**Yam**	Essbare Wurzel
S. 119 (S. 139)	**Accra**	Hauptstadt von Ghana
S. 121 (S. 141)	**DDT**	Hochgiftiges Insektizid
S. 124 (S. 145)	**Edgar Lee Masters**	Amerikanischer Schriftsteller (1868–1950)
S. 137 (S. 160)	**Honecker**	Erich Honecker (1912–1994), Staatschef der DDR von 1971–1989
S. 150 (S. 175)	**Herodot**	Herodot von Halikarnass, antiker griechischer Geschichtsschreiber
S. 152 (S. 178)	**Levante**	Die östlichen Mittelmeerländer
S. 153 (S. 178)	**Gaddafi**	Muammar al-Gaddafi (1942–2011), ehemaliger Staatschef Libyens

3.5   Sachliche und sprachliche Erläuterungen

S. 158 (S. 185)	**Arlit**	Bergbaustadt (Uran) in Niger
S. 166 (S. 194)	**Melilla**	Spanische Exklave in Nordafrika
S. 177 (S. 208)	**Eugen Leviné**	Deutscher KPD-Politiker (1883–1919)
S. 196 (S. 230)	**„Some like it hot"**	Komödie von Billy Wilder (*Manche mögen's heiß*)
S. 199 (S. 233)	**LPGs**	Landwirtschaftliche Produktionsgemeinschaft: in der DDR erzwungene Kollektivierung der Landwirtschaft
S. 207 (S. 243)	**Piero della Francesca**	Bedeutender Renaissancemaler und Mathematiker (1420–1492)
S. 215 (S. 253)	**Boko Haram**	Islamistische Terrorgruppe in Nigeria
S. 218 (S. 255)	**Richard Wagner**	Bedeutender deutscher Komponist (1813–1883)
S. 218 (S. 255)	**Harry Potter**	Jugendliteraturreihe der englischen Schriftstellerin Joanne K. Rowling
S. 218 (S. 255)	**Kierkegaard**	Søren Kierkegaard, dänischer Philosoph und Theologe (1813–1855)
S. 218 (S. 255)	**Virginia Woolf**	Bedeutende englische Schriftstellerin (1882–1941)
S. 231 (S. 270)	**antichambrieren**	Sich diensteifrig um jemandes Gunst bemühen
S. 232 (S. 272)	***Obs edler im Gemüt ...***	Zitat aus Shakespeares Theaterstück *Hamlet*
S. 239 (S. 280)	**Tepa**	Ort in der Ashanti Region in Ghana
S. 246 (S. 289)	**Heinrich Schliemann**	Deutscher Kaufmann und Archäologe (1822–1890), Entdecker Trojas

3.5   Sachliche und sprachliche Erläuterungen

S. 250 (S. 293)	**Seneca**	Römischer Philosoph (vermutl. 4 n. Chr.–65 n. Chr.)
S. 253 (S. 297)	**Platon**	Griechischer Philosoph (427 v. Chr.–347 v. Chr.)
S. 253 (S. 297)	**Empedokles**	Griechischer Philosoph und Politiker (ca. 495 v. Chr.–ca. 435 v.Chr.)
S. 257 (S. 301)	**Bratenrock**	Gehrock
S. 263 (S. 309)	**Tacitus**	Römischer Historiker (55 n. Chr.–120 n. Chr.)
S. 274 (S. 321)	**Rigoletto**	Oper von Giuseppe Verdi

3.6 Stil und Sprache

ZUSAMMEN-FASSUNG

→ Die Erzählersprache in *Gehen, ging, gegangen* ist leicht verständlich und wirkt zurückgenommen.

→ Die Figurensprache ist individuell geprägt und hinsichtlich der Flüchtlinge ein Spiegel ihrer Odyssee.

→ Das Erzählverhalten wechselt, wobei auktoriales Erzählen dominiert.

→ Erpenbeck setzt zahlreiche Motive ein, die sich wiederholen und dadurch das Narrativ verknüpfen.

Erzählersprache

Die Erzählersprache in *Gehen, ging, gegangen* ist einfach und gut verständlich. Oft wirkt sie zurückgenommen, als wolle der Erzähler hinter den Flüchtlingsschicksalen zurücktreten. Häufig konstruiert Erpenbeck lange Sätze. Als Beispiel nachfolgendes Zitat:

> „Und während sie an Kiefern und Eichen vorbeigehen, und während der Hund angelaufen kommt, der dem alten Ehepaar, dem er gehört, immer ausreißt, Cognac heißt er, erzählt Richard seinen Freunden Detlef und Sylvia, die wahrscheinlich nicht einmal wissen, wo genau Niger liegt, vom französischen Staatskonzern Areva, der das Monopol für die Minen hält und seinen Müll dorthin kippt, wo die Tuareg bisher ihre Kamelweiden hatten." (S. 155 K/S. 181 f. P)

Hypotaxe

Hier ist das **Stilprinzip der Hypotaxe** verwirklicht. Satzglieder sind syntaktisch-hierarchielos gereiht. Zahlreiche Nebensätze sind in den Hauptsatz verwoben.

3.6 Stil und Sprache

Figurensprache

Die Sprache des Akademikers Richard ist klar und reflektiert. Die Sprache der Flüchtlinge ist dagegen Spiegel ihrer Odyssee. In der Regel sprechen sie Italienisch, wie beispielsweise Rufu. Als dieser benommen auf einer Bank sitzend von Richard nach seinem Befinden gefragt wird, antwortet er auf Italienisch: „Tutto é finito, sagt Rufu. Tutto é finito." (S. 242 K/S. 284 P)

Manche der Flüchtlinge verfügen zwar über Englischkenntnisse, doch diese sind defizitär, wie man an einem Beispiel von Karon Anubo sieht, der Richard eine SMS mit fehlerhafter Orthografie zukommen lässt: „Hi richard, i just want to see how are you doing, richard. I don't no how to thanks you. Only God no my heart but anyway wat I can say is may God protect you. always Good morning. karon." (S. 241 K/S. 282 P)

Erzählperspektive und Erzählverhalten

Die **Erzählperspektive** lässt erkennen, ob der Erzähler Fremdpsychisches kennt oder nicht. Verfügt er über fremdpsychisches Wissen, stellt er die Figuren mit Innensicht dar. Kennt er nichts Fremdpsychisches, verfügt er über Außensicht. Innensicht wird durch Signalworte angezeigt, die auf psychische Prozesse schließen lassen. Der Erzählerstandort bezeichnet den Standort des Erzählers im Verhältnis zu den Figuren und Ereignissen im räumlichen und zeitlichen Sinn. Man unterscheidet zwischen **externem** *point of view* (Distanz zum Erzählten) und **internem** *point of view* (Nähe zum Erzählten).

> Innensicht – Außensicht;
> Distanz – Nähe

Beim **Erzählverhalten** unterscheidet man grundsätzlich folgende Dreier-Typologie:

→ Auktoriales Erzählverhalten: Der Erzähler gibt sich als eigenständige Instanz zu erkennen. Er kommentiert, reflektiert und

> Kommentiert und reflektiert

3.6 Stil und Sprache

urteilt. Auf der Grundlage eines externen point of view offenbart er ein umfassendes Wissen über das Erzählte. Dies schließt die **Innensicht, Wissen um Vorgeschichte und zukünftige Entwicklungen** ein. Ein für den auktorialen Erzähler typische Erzählhaltung ist die Ironie. Auch Humor und Leseransprache sind Zeichen auktorialen Erzählens.

Dialoge Erzähler-bericht

→ Neutrales Erzählverhalten: Der Erzähler gibt sich nicht als eigenständige Instanz zu erkennen, sein Verhältnis zum Erzählten ist unspezifisch und somit neutral. Dieses Erzählverhalten neigt zum externen point of view, aber nicht notwendig zur Innensicht.

Erlebte Rede

→ Personales Erzählverhalten: Der Erzähler nähert sich erkennbar dem Standpunkt der erzählten Figur an. Dies gilt besonders dann, wenn er mit Innensicht erzählt. Darbietungsweise sind **erlebte Rede**[37] **oder innerer Monolog.**

Dominanz auktoriales Erzählverhalten

Das Erzählverhalten von *Gehen, ging, gegangen* wechselt, wobei **auktoriales Erzählen dominiert**. Auktoriales Erzählen findet sich beispielsweise in der Darstellung von Richard auf dem Oranien-platz und der Szenerie, die sich ihm bietet (S. 38–43 K/S. 43–50 P). Weitere Passagen auktorialen Erzählens sind jene, in denen von Richards Kindheit und dem Scheitern seiner Ehe erzählt wird. Auch die Exkurse über die Entstehung des Oranienplatzes oder über die Ausstellung des gehäuteten Soliman (S. 246 f. K/S. 289 f.) sind Ausdruck auktorialen Erzählens. Auch humorvolle Passagen, wie jene

---

37 Zur erlebten Rede vgl. auch Lösung zu Prüfungsaufgabe 2, S. 127 und Onlineaufgaben: www.königserläuterungen.de/download

3.6 Stil und Sprache

als der mit einem „Besentick" versehrte Karon Anubo Richards Ter-
rasse fegt (S. 291 K/S. 341 P), gehören zum auktorialen Erzählen.

Personales Erzählen und somit Innensicht finden sich in den
Sequenzen mit erlebter Rede – aus der Sicht Richards –, in denen sich Erzähler- und Figurenwahrnehmung mischen.[38] Hier werden in erster Linie **Gedanken, Eindrücke oder Assoziationen** der
Figuren (hauptsächlich von Richard) dargestellt und weniger die
Handlungsabläufe. Neutrales Erzählverhalten findet sich in *Gehen,
ging, gegangen* verwirklicht in der zitierten Rede, d. h. in der Darstellung einer Figurenrede, die im Unterschied zur erlebten Rede
scheinbar unmittelbar erfolgt. Ein Beispiel dafür ist der Dialog zwischen Richard und dem jungen Tuareg, der Auskunft über seine
Sprachkenntnisse gibt (S. 59 K/S. 68 P).

Vgl. auch
Prüfungsauf-
gabe 2, S. 127

Themen und Motive

Motive sind die kleinsten Einheiten der Romanhandlung. Erpenbeck arbeitet mit zentralen Motiven, die sich wiederholen. Erste
Eindrücke, die der Leser bei der Rezeption gewinnt, können sich
durch die **Motivwiederholungen** verdichten und so eine erzählte Welt formen. Gleichzeitig sorgen die Motivwiederholungen für
die Verbindung der einzelnen Kapitel miteinander, so dass durch
diese Art der narrativen Verknüpfung schließlich ein **komplexes er-
zählerisches Ganzes** entsteht. Nachdem Erpenbeck die einzelnen
Erzählstränge montiert (vgl. Kapitel 3.3, S. 65), sind verknüpfen-
de Motive im Erzählen besonders wichtig. Beispiele und Effekt der
wichtigsten Motive werden im Folgenden dargestellt und erläutert.

Narrative
Verknüpfung

---

38 Dazu siehe Kapitel 6, Prüfungsaufgaben mit Musterlösungen, Aufgabe 2.

3.6 Stil und Sprache

MOTIV	ERSTNENNUNG	WIEDERHOLUNG	EFFEKT
Der See (Auswahl)	„Von seinem Schreibtisch aus sieht er den See." (S. 8 K/9 P)	„Der See liegt still da, wie immer in diesem Sommer." (S. 8 K/ S. 9 P); „Aber er muss, wenn er an seinem Schreibtisch sitzt, den See sehen." (S. 10 K/S. 12 P); „Nach oben hin lieblich, aber in Wahrheit eine Kluft." (S. 15 K/ S. 17 P); „Er kann von seinem Schreibtisch aus auf den See sehen. Schön ist der See, so wie in den anderen Sommern, aber damit ist es in diesem Sommer nicht getan. Der See gehört, solange der Tote nicht gefunden und weggebracht ist, diesem Toten. Einen ganzen Sommer lang schon, und bald ist Herbst, gehört der See einem Toten." (S. 15 K/S. 17 f. P); „Erst jetzt fällt Richard auf, dass sein Blick auf den See sich mit der Erinnerung daran, dass in diesem See letzten Sommer ein Mensch gestorben ist, unauflöslich verbunden hat. Der See wird für immer der See bleiben, in dem jemand gestorben ist, und dennoch für immer auch ein sehr schöner See sein: […]." (S. 290 K/S. 340 P)	In der Literaturwissenschaft ist der See u. a. das Symbol der Gefahr, der Wahrnehmung und der Erkenntnis. Konstitutiv für die Symbolik der Gefahr ist die Ambivalenz von ruhiger Oberfläche und gefährlicher Tiefe. Dafür stehen die Zitate S. 8 K/ S. 9 P (Stille, Ruhe) und S. 15 K/ S. 17 P (Tiefe). Die Bedeutungsebene der Wahrnehmung findet sich im ersten Zitat von S. 8 K/S. 9 P sowie auf S. 10 K/S. 12 P sowie S. 15 K/S. 17 P. Der Wahrnehmende ist Richard. Er schaut auf den See und es mutet an, dass sein Blick die Stille des Sees spiegelt und dass sich in den Tiefen seines Geistes ein Erkenntnisprozess vollzieht. Diese Erkenntnis wird repräsentiert durch das Zitat S. 290 K/S. 340 P.

3.6   Stil und Sprache

MOTIV	ERSTNENNUNG	WIEDERHOLUNG	EFFEKT
Der Tote im See (Auswahl)	„Den Mann, der unten im See liegt, haben sie immer noch nicht gefunden." (S. 10 K/S. 11 P)	„Es kann dauern, bis der Körper wieder nach oben kommt, wurde gesagt. Beinahe drei Monate dauert es schon. Es kann auch sein, dass er verschwunden bleibt, wurde gesagt." (S. 15 K/S. 17 P); „Der See gehört, solange der Tote nicht gefunden und weggebracht ist, diesem Toten. Einen ganzen Sommer lang schon, und bald ist Herbst, gehört der See einem Toten." (S. 15 K/S. 17 P); „Er denkt an den Mann, der unten im See liegt, ganz am Grund, wo der See selbst im Sommer noch kalt ist." (S. 25 K/S. 29 P); „Dann fällt ihm wieder der Mann ein, der auch jetzt, leise schaukelnd, irgendwo da unten im See schwebt." (S. 35 K/S. 40 P); „Auch, dass das Laub wieder zu Erde wird, oder dass der Ertrunkene entweder irgendwo angeschwemmt wird oder sich im See auflöst, ist im Prinzip nur eine Frage der Zeit." (S. 44 K/S. 51 P); „Den ganzen Sommer lag das Boot am Steg, aber wegen des toten Mannes im See hat Richard es kein einziges Mal benutzt." (S. 157 K/S. 184 P); „An diesem Tag macht Richard einen Spaziergang rings um den See, zweieinhalb Stunden geht man. [...] Vielleicht hält so ein kreisrunder Spaziergang irgend etwas zusammen? Den See? Den ertrunkenen Mann? Denn auch um den Mann geht er ja herum,	Das Motiv des Toten im See steht für Richards Gemütszustand und zeigt seine Entwicklung zu einer anderen Wahrnehmung. Die Entwicklungskette beginnt mit dem Verlust seiner Vitalität (Zitat S. 10 K/S. 11 P) und der Unsicherheit, ob er sie wiedererlangen wird (Zitat S. 15 K/S. 17 P). Das zweite Zitat von S. 15 K/S. 17 P steht für das Andauern seiner Depression, das Zitat S. 25 K/S. 29 P steht für seine Erstarrung. Eine Änderung seines Gemütszustandes wird durch das Zitat S. 35 K/S. 40 P repräsentiert, in dem der Zustand des Abgesunkenseins zugunsten eines Schwebezustandes aufgehoben ist. Dieser Zustand des Erwachens ist allerdings ein instabiler Zustand. Zwar kann der Tote (die Vitalität) wieder manifest werden, er (sie) kann aber auch verschwunden bleiben (Zitat S. 44 K/S. 51 P). Das Zitat S. 157 K/S. 184 P kann verstanden werden als eine fehlende Auseinandersetzung Richards mit sich selbst. Diese vollzieht er, wie durch das Zitat S. 172 K/S. 202 P dargestellt wird. Das Zitat S. 290 K/S. 340 P repräsentiert Richards Weg zurück ins Leben. Die Motive „See" und „Der Tote im See" korrespondieren miteinander. Verbindendes Element ist die

3.6 Stil und Sprache

MOTIV	ERSTNENNUNG	WIEDERHOLUNG	EFFEKT
		der im See liegt oder sich in ihm aufgelöst hat." (S. 172 K/S. 202 P); „Erst jetzt fällt Richard auf, dass sein Blick auf den See sich mit der Erinnerung daran, dass in diesem See letzten Sommer ein Mensch gestorben ist, unauflöslich verbunden hat. Der See wird für immer der See bleiben, in dem jemand gestorben ist, und dennoch für immer auch ein sehr schöner See sein: […]." (S. 290 K/S. 340 P)	Bedeutung des Sees als Symbol für Wahrnehmung und Erkenntnis, zu der Richard hier gelangt. Zugleich erinnert das Motiv des Toten im See auch an die verunglückten Flüchtlinge, die im Mittelmeer ertrunken sind.
Gehen, ging, gegangen	„Er legt die Seite, die mit deutschen Vokabeln schon ganz vollgeschrieben ist, neben sich auf das Bett, über seinem Kopf hängt an der Wand eine Liste der unregelmäßigen Verben: *gehen, ging, gegangen*. (S. 56 K/S. 65 P)	„Gerade kommen ein paar Afrikaner, sagen im Vorbeigehen zu Richard *how are you?*, und holen aus dem Kämmerchen, in dem er vor einiger Zeit mit Raschid zwischen Stapeln von Stühlen saß, die zusammengefalteten Umzugskartons zum Packen. Gehen, ging, gegangen." (S. 172 K/S. 201 P); „Gehen, ging, gegangen. Die Trennlinie zwischen Geistern und Menschen war für ihn, und er weiß nicht, woran das liegt, schon immer sehr dünn, mag sein, weil er selbst damals, als Säugling, in den Wirren des Krieges so leicht hätte verlorengehen und ins Totenreich abrutschen können." (S. 234 K/274 f. P); „Wohin ist Osarobo gegangen? Gehen, ging, gegangen." (S. 248 K/S. 292 P); „Gehen, ging, gegangen. Vor vier Monaten sind sie nach Spandau umgezogen, haben in der Zeit der	Die Konjugation von „gehen" ist das Leitmotiv des Romans. Es erscheint erstmals in Verbindung mit einem Flüchtlingsschicksal (S. 56 K/S. 65 P). Auch das Zitat auf S. 172 K/S. 201 P ist in Verbindung mit der Flüchtlingsproblematik zu verstehen und verweist auf den Aspekt der Ruhelosigkeit im Leben der Flüchtlinge. Insofern korreliert es auch mit dem Motiv der Zeit. Das Zitat S. 248 K/S. 292 P repräsentiert ein individuelles Schicksal, während das Zitat S. 286 K/S. 336 P eine Art Resümee der Lebenswirklichkeit der Flüchtlinge vom Oranienplatz ist: Die Flüchtlinge kommen niemals an, sind immer in Bewegung (gehen als Verb der Bewegung), wo sie doch nur den Wunsch haben anzukommen. Das Zitat

3.6 Stil und Sprache

MOTIV	ERSTNENNUNG	WIEDERHOLUNG	EFFEKT
		Einzelfallgespräche etliche Unterrichtsstunden versäumt und dann wieder von vorn begonnen: Gehen, ging, gegangen. Als ihre Freunde aufs Dach gestiegen sind, vor ungefähr einem Monat, standen sie mit Blick aufs Dach neben der Feuertonne, statt den Deutschunterricht zu besuchen, und haben danach, weil sie fast alles wieder vergessen hatten, noch einmal von vorn angefangen: Gehen, ging, gegangen. Nun machen sich nur noch wenige von ihnen aus dem jeweiligen Matratzenquartier zweimal pro Woche auf den Weg zur Sprachschule und lernen erneut: Gehen, ging, gegangen." (S. 286 K/S. 336 P)	S. 234 K/274 f. P verweist auf Richards Fluchtgeschichte und stellt so eine Verbindung her zwischen seinem Schicksal und dem der Flüchtlinge.
Zeit (Auswahl)	„Er hat jetzt einfach nur Zeit." (S. 8 K/ S. 9 P)	„Zeit um zu reisen, sagt man. Zeit, um Bücher zu lesen. Proust, Dostojewski. Zeit, um Musik zu hören." (S. 8 K/S. 9 P); „Er weiß nicht, wie lange es dauern wird, bis er sich daran gewöhnt hat, Zeit zu haben." (S. 8 K/S. 9 P); „Die Zeit ist jetzt eine ganz andere Art von Zeit." (S. 8 K/S. 10 P); „Nun quält ihn nicht die Zeit, die mit einer unnützen Liebe ausgefüllt ist, sondern die Zeit an sich." (S. 9 K/S. 11 P); „Steht die Zeit? Bleibt noch etwas zu wünschen?" (S. 19 K/S. 22 P); „Am Abend heißt es in den Nachrichten, es sei nur	Das Motiv der Zeit[39] beschreibt hier sowohl eine physikalische, vor allem aber die Psyche eines Menschen bestimmende Größe. Zudem stellt das Motiv der Zeit eine Verbindung her zwischen Richard und den Flüchtlingen. Die Erstnennung auf S. 8 K/S. 9 P ist die Darstellung der physikalischen Größe, das zweite Zitat auf S. 8 K/S. 9 P steht dafür, wie man sie verbringen kann. Das dritte Zitat auf S. 8 K/S. 9 P führt auf eine sich abzeichnende Problematik hin. Die Zeit ist keine physikalische

---

39   Dazu siehe auch Kapitel 3.7, Interpretationsansätze: Über das Wesen der Zeit.

3.6   Stil und Sprache

MOTIV	ERSTNENNUNG	WIEDERHOLUNG	EFFEKT
		noch eine Frage der Zeit, bis für die unhaltbare Lage der Flüchtlinge am Oranienplatz eine Lösung gefunden sei." (S. 44 K/S. 50 P); „Über das sprechen, was Zeit eigentlich ist, kann er wahrscheinlich am besten mit denen, die aus ihr hinausgefallen sind." (S. 44 K/S. 51 P); „Er sagt, er müsse jetzt gehen, aber er komme wieder. Er habe Zeit, um alles in Ruhe zu hören. Zeit." (S. 55 K/S. 63 P); „Ihre Zeit muss mit irgendetwas gefüllt sein, sagt sie. Ihre Zeit? Einen kurzen Moment lang ist er verwirrt, weil er glaubt, sie spreche ihn an." (S. 81 K/S. 94 P); „Die Zeit fühlt sich, seit die Briefe von der Ausländerbehörde eintreffen, seitdem jeder der Männer hier auf sein Interview wartet oder es schon hinter sich hat, anders an." (S. 182 K/S. 213 P); „Die Zeit macht etwas mit einem Menschen, weil ein Mensch keine Maschine ist, die man an- und ausschalten kann. Die Zeit, in der ein Mensch nicht weiß, wie sein Leben ein Leben werden kann, füllt so einen Untätigen vom Kopf bis zu den Zehen." (S. 249 K/S. 293 P)	Größe mehr, sondern hat ihre Qualität geändert (Zitate S. 8/9 K – S. 10/S. 11 P). Für Richard bedeutet sie Stagnation (Zitat S. 19 K/S. 22 P). Eine ähnliche Bedeutung hat die Zeit für die Flüchtlinge. Wie Richard sind sie ihr ausgeliefert, so sorgt sie für die Verbringung in ein anderes Quartier, ohne dass sie Einfluss darauf nehmen könnten (Zitat S. 44 K/S. 50 P). Die Richard und die Flüchtlinge verbindende Funktion des Motivs zeigt sich in Zitat S. 44 K/S. 51 P und vor allem S. 81 K/S. 94 P, wo die Figurentrennung zwischen Richard und den Flüchtlingen aufgehoben zu sein scheint. Das Zitat S. 249 K/S. 293 P steht für den psychischen Zustand, in dem sich sowohl Richard als auch die Flüchtlinge wiederfinden und in dem Zeit wie ein Mittel der weißen Folter anmutet.[40] Mit dem Fortschreiten des Geschehens bekommt die Zeit wieder Kontur, sie läuft wieder auf etwas hinaus, sowohl für die Flüchtlinge, die wissen, dass in Kürze über ihr Asylgesuch entschieden werden wird (Zitat S. 182 K/S. 213 P), und für Richard, der eine Aufgabe gefunden hat.

40   Die weiße Folter zielt auf die Zerstörung der Opferpersönlichkeit. An dessen Körper hinterlässt sie keine Spuren.

3.6 Stil und Sprache

Stilmittel

STILMITTEL	DEFINITION	TEXTBELEG
Repetitio	Wiederholung	„Life is crazy, life is crazy, life is crazy." (S. 107 K/S. 125 P)
Parenthese	Einschub	„Irgendwie schien ihm, als läge allen – auch oder vielleicht gerade denen, die ihn mochten – viel daran, ihn nun so bald wie möglich aus ihrem Gesichtskreis zu schieben." (S. 11 K/S. 12 P)
Anapher	Wiederholung eines Wortes oder mehrerer Wörter am Anfang aufeinanderfolgender Sätze	„Mit einer Taucherbrille! Mit einer Taucherbrille!" (S. 15 K/S. 17 P)
Anakoluth	Satzabbruch	„Aber es sei doch wichtig, dass die Berliner." (S. 40 K/S. 47 P)
Akronym	Aus den Anfangsbuchstaben mehrerer Wörter gebildete Abkürzung	„Beim Frühstück in den kleinen Pensionen saßen mehrfach DDR-Bürger mit am Tisch, ..." (S. 49 K/S. 57 P). DDR: Deutsche Demokratische Republik.
Vergleich	Anschauliche Verknüpfung zweier Bedeutungsbereiche	„Und wie auf einer Krankenstation sieht der Besucher nun etliche Liegen mit Bettzeug." (S. 51 K/S. 59 P)
Interjektion	Ausruf	„Dein Vater!" (S. 66 K/S. 77 P)
Litotes	Bejahung einer Aussage durch doppelte Verneinung	„Es ist Richard nicht unrecht, das Haus einmal zu verlassen, um ein Gespräch zu führen." (S. 105 K/S. 122 P)

3.6 Stil und Sprache

STILMITTEL	DEFINITION	TEXTBELEG
Wortspiel	Spielerischer Umgang mit Worten und deren Sinn	„Wenn ein Schwarzer, der schwarz hier ist, schwarz mit dem Bus oder der S-Bahn oder der U-Bahn fährt, muss der, wenn er zum ersten Mal erwischt wird, wie alle zum ersten Mal Erwischten 40 Euro Strafe bezahlen, sagt das Gesetz." (S. 190 K/S. 223 P)
Rhetorische Frage	Eine Frage, die keine Antwort erwartet	„Wohin geht ein Mensch, wenn er nicht weiß, wo er hingehen soll?" (S. 280 K/ S. 328 P)

3.7 Interpretationsansätze

Zu Erpenbecks Roman *Gehen, ging, gegangen* bieten sich folgende thematische Interpretationsansätze an:

→ Flucht und Vertreibung
→ Das Wesen der Zeit

**ZUSAMMEN-
FASSUNG**

Flucht und Vertreibung

Gehen, ging, gegangen ist ein Roman über Flucht und Vertreibung.
Flucht und Vertreibung gehören zu den **ältesten Stoffen der Literatur**, selbst die Bibel wartet mit der Verbannung Adams und Evas
aus dem Paradies mit einem Vertreibungsnarrativ auf.

Heimat und
Heimatlosigkeit

Häufig erscheinen Flucht und Vertreibung in Kombination mit
Leben im **Exil und Krieg**, so in der *Odyssee* des Homer[41], dem
Lieblingswerk des Protagonisten Richard. Zu den bekannten jünge-
ren, Flucht und Vertreibung thematisierenden Romanen gehören
vor allem *Transit* von Anna Seghers (erschienen 1944), in dem die
Situation von vor dem NS-Regime geflohener Menschen 1940 in
Marseille dargestellt wird, und natürlich *Exodus* von Leon Uris (er-
schienen 1958), das Narrativ über die Entstehungsgeschichte Is-
raels. Verwiesen werden soll hier auch noch einmal auf die unter
Kapitel 2.2 genannten Romane Elfriede Jelineks und Herta Müllers.

Kampf gegen
die europäische
Bürokratie

„Nothing has really happened until it has been recorded", sagte
die in Erpenbecks Roman erwähnte britische Schriftstellerin Virginia Woolf. Aufzeichnung geschieht auch durch Aufschreiben. Das
Aufgeschriebene fixiert das Geschehene, so schreibt der Literatur-

Literatur als
Speichermedium

---

41 Odyssee: Schildert die Heimkehr des Odysseus und seiner Gefährten aus dem Trojanischen
    Krieg.

3.7   Interpretationsansätze

wissenschaftler Nicolas Pethes in seiner Publikation über kulturwissenschaftliche Gedächtnistheorien:

> „Ein solches Speichermedium stellt im Abendland seit mehreren
> Jahrtausenden die Schrift dar, die als kulturell gewachsene und
> tradierte Technik zum jeweils individuellen Gedächtnis hinzu-
> tritt."[42]

Durch Vermittlung via Literatur (sowie durch Bräuche, Denkmäler
etc.) generiert sich ein kulturelles Gedächtnis. Ein kulturelles Gedächtnis überdauert Generationen und formt die Traditionen und
die Identität eines Volkes. Was umfasst das kulturelle Gedächtnis?
Dazu noch einmal Nicolas Pethes:

> „Das kulturelle Gedächtnis umfasst all diejenigen Bezüge einer
> Gemeinschaft auf die Vergangenheit, die sich diese Gemein-
> schaft in personenunabhängiger Form zur Verfügung hält."[43]

Das kulturelle
Gedächtnis:
2. Weltkrieg und
Flüchtlingskrise

Erpenbeck setzt mit *Gehen, ging, gegangen* die literarische Tradition fort. Dabei bezieht sie sich auf das kulturelle Gedächtnis, auf
seine Funktion und Wirkung, denn sie setzt das vom Leser notwen-
dige **Wissen um die historischen Zusammenhänge** voraus. Wie
Seghers und Uris rekurriert die Autorin in *Gehen, ging, gegangen*
auf den 2. Weltkrieg und kombiniert dieses Wissen mit der aktuellen Flüchtlingskrise. Neben der Darstellung individueller Flücht-
lingsschicksale verweist sie auch auf die Funktion des individuellen
Gedächtnisses als biografisches Gedächtnis. So, wie das kulturelle

---

42   Pethes, Nicolas: *Kulturwissenschaftliche Gedächtnistheorien zur Einführung.* Hamburg: Junius,
     2008, S. 10.
43   Ebd., S. 64.

3.7 Interpretationsansätze

Gedächtnis identitätsbildend für ein Volk oder eine Nation ist, so ist das biografische Gedächtnis **identitätsbildend für einen Menschen** und beeinflusst seine späteren Handlungen. Erpenbeck zeigt das anhand ihres Protagonisten Richard. Der musste im 2. Weltkrieg mit seiner Mutter unter dramatischen Umständen von Schlesien nach Deutschland fliehen:

Das biografische Gedächtnis

> „Er selbst war bei der Übersiedlung seiner Familie von Schlesien nach Deutschland noch ein Säugling gewesen und wäre im Tumult der Abreise beinahe von seiner Mutter getrennt worden, hätte ihn nicht auf dem überfüllten Bahnsteig ein russischer Soldat seiner Mutter über die Köpfe vieler anderer Aussiedler hinweg noch ins Zugabteil hineingereicht. Diese Geschichte war ihm von seiner Mutter so oft erzählt worden, dass er sie beinahe für seine eigene Erinnerung hielt." (S. 22 K/S. 25 f. P)

Das, was Richard „beinahe für seine eigene Erinnerung hielt", trägt er mit sich herum und im Laufe seines Lebens formt dieses Wissen um die Ereignisse seine **Identität**. Ein Gefühl der **Fremdheit** wird in seinem Wesen angelegt, das mit einer gewissen **Gleichgültigkeit** einhergeht. So bedeutet ihm die Wiedervereinigung nichts (S. 39 K/ S. 45 P), vor dem zusammengeführten Berlin hat er sogar Angst (S. 35 K/S. 40 f. P), aber mit seiner Frau fühlte er sich aufgrund derer Fluchterfahrungen „einig" (S. 22 K/S. 25 P). In einem Augenblick der Reflexion zeigt sich Richards ganze innere Misere:

Richards Heimatlosigkeit

> „Er denkt auch daran, wie er seine Geliebte vor seiner Frau verborgen hat, und den Alltag, den er mit seiner Frau hatte, gleichzeitig vor seiner Geliebten. Ist er denn niemals in seinem Leben angekommen?" (S. 63 K/S. 73 P)

3.7   Interpretationsansätze

Dieses verheimlichende Verhalten ist Folge und Ausdruck seiner empfundenen Heimatlosigkeit. Das verbindet Richard gefühlsmäßig mit den Flüchtlingen, die in Deutschland stranden und hier aus verschiedenen Gründen keine Heimat finden.[44] Auch die Afrikaner erleiden hinsichtlich ihres biografischen Gedächtnisses und so in ihrer Identität einen Verlust, zum Beispiel durch die gezielte Zerstörung ihnen gehörender, persönlicher Gegenstände wie das Handy: „Broke the memory, sagt Awad. Das Gedächtnis zerbrochen." (S. 68 K/S. 79 P)

Interpretation Erpenbeck bietet mit ihrem Roman keine Lösungsansätze der Flüchtlingskrise in Deutschland, sondern macht eine halbdokumentarische Bestandsaufnahme (Montage) mit dem Statement, dass es so nicht weitergehen sollte.

Über das Wesen der Zeit

Die Zeit in der Literatur Die Zeit ist in der Literatur eine wichtige erzähltheoretische Größe, so umfasst sie das Verhältnis zwischen Zeit der Erzählung und Zeit des Geschehens. In einigen Werken der Weltliteratur spielt die Zeit eine exponierte Rolle, so in *Auf der Suche nach der verlorenen Zeit* von Marcel Proust[45], in *Die Zeitmaschine* von Herbert G. Wells oder in Thomas Manns *Der Zauberberg* von 1924.

Henri Bergson: physikalische Zeit und *durée* Die große Virginia Woolf spielt in ihren Romanen mit der Zeit (z. B. *Orlando* von 1928), für die begnadete Erzählerin Katherine Mansfield ist ihr literarischer Umgang mit der Zeit ein Kriterium zur Klassifikation ihrer Kurzgeschichten in Epiphanie-[46] und *slice-of-live*-Erzählungen. Es ist klar, dass der literarische Umgang mit

---

44 Wobei Richards Situation grundsätzlich natürlich dennoch gut situiert ist im Vergleich zu der der Flüchtlinge.
45 *À la recherche du temps perdu*, erschienen zwischen 1913 und 1927.
46 Der von James Joyce geprägte Begriff der Epiphanie beschreibt eine plötzliche Einsicht in vorher unbekannte Zusammenhänge.

3.7   Interpretationsansätze

der Zeit einhergehen muss mit der **Loslösung von einem konventionellen Zeitverständnis**. Tatsächlich gibt es eine Aufhebung des Raum-Zeit-Kontinuums zugunsten einer Dichothomie.[47] Diese Dichothomie ist auf den Einfluss des Philosophen Henri Bergson zurückzuführen, der zwischen physikalischer Zeit und psychischer Zeit unterscheidet. Die physikalische Zeit ist laut Bergson „ein mit mannigfachen Raumvorstellungen durchsetzter, abgeleiteter, von praktischen Bedürfnissen der Weltbewältigung bestimmter Begriff".[48]

Die psychische Zeit dagegen ist eine Dauer (*durée*), die nur in der Introspektion erfahrbar ist.

Der Roman *Gehen, ging, gegangen* ist nicht unter Weltliteratur zu subsummieren, doch eine Dissoziation der Zeit in eine physikalische und eine persönliche Komponente weist auch er auf, so heißt es:

> Zeit als physikalische und persönliche Größe

„Die Zeit macht etwas mit einem Menschen, weil ein Mensch keine Maschine ist, die man an- und ausschalten kann. Die Zeit, in der ein Mensch nicht weiß, wie sein Leben ein Leben werden kann, füllt so einen Untätigen vom Kopf bis zu den Zehen." (S. 249 K/S. 293 P)

Was bedeutet das für die Figuren des Romans im Allgemeinen und für den Protagonisten Richard im Besonderen? Gleich zu Beginn des Romans wird auf **Richard und die Zeit** verwiesen, so heißt es: „Er hat jetzt einfach nur Zeit. Zeit, um zu reisen, sagt man. Zeit, um Bücher zu lesen. Proust, Dostojewski. Zeit, um Musik zu hören."

> Zeit und das Leiden daran

---

47   Zweiteilung.
48   Höffe, Otfried (Hrsg.): *Klassiker der Philosophie. Von Immanuel Kant bis Jean-Paul Sartre.* München: C.H. Beck, 1981, S. 305.

3.7   Interpretationsansätze

(S. 8 K/S. 9 P) Hier geht es um die physikalische Zeit, die Richard jetzt zur Verfügung steht, doch dass die Zeit auch eine subjektive Dimension hat, erschließt sich aus folgender Zeile: „Die Zeit ist jetzt eine ganz andere Art von Zeit." (S. 8 K/S. 10 P) Richard erlebt die Zeit nicht mehr als etwas Fließendes, sondern als etwas Statisches, was sich ihm entgegenstellt: „Steht die Zeit? Bleibt noch etwas zu wünschen?" (S. 19 K/S. 22 P) Es ist nicht mehr die Zeit, die Richards Tag strukturiert hat im Sinne von „Weltbewältigung" à la Bergson, sondern etwas, das jetzt selbst bewältigt werden will: „Nun aber quält ihn nicht die Zeit, die mit einer unnützen Liebe ausgefüllt ist, sondern die Zeit an sich." (S. 9 K/S. 11 P) Und: „Er weiß nicht, wie lange es dauern wird, bis er sich daran gewöhnt hat, Zeit zu haben." (S. 8 K/S. 9 P) Diese Zeile ist sehr aufschlussreich, verweist sie doch durch das Wort „dauern" auf die *durée* und so auf ein introspektives Moment im Sinne Bergsons.

Zeit als Verbin-
dung zwischen
Richard und den
Flüchtlingen

Auch die Flüchtlinge werden mit der **Zeit als etwas Statischem** konfrontiert: „Ein Tag ist genauso wie der andre, sagt der lange Ithemba. Wir denken und denken, weil wir nicht wissen, was wird, sagt Abdusalam und schaut nach unten." (S. 54 K/S. 63 P) Die Konfrontation mit einer Zeit, die kein Organisationsmedium mehr ist, sondern das Individuum in einem existentialistischen Sinn auf sich zurückwirft[49], verbindet Richard mit den Flüchtlingen:

> „Über das sprechen, was Zeit eigentlich ist, kann er wahrscheinlich am besten mit denen, die aus ihr hinausgefallen sind. Oder in sie hineingesperrt, wenn man so will." (S. 44 K/S. 51 P)

---

49   Die Bürokratie mit ihren Vorschriften (u.a. keine Arbeitstätigkeit) bremst das Leben der Flüchtlinge und verstärkt den Eindruck, in einer Zeitblase festzusitzen. Das provoziert ein ähnliches Gefühl wie bei Richard, dessen ehemaligen Arbeitskollegen am Leben teilhaben, während er selbst durch seine Emeritierung quasi aufs Abstellgleis geschoben wurde.

3.7   Interpretationsansätze

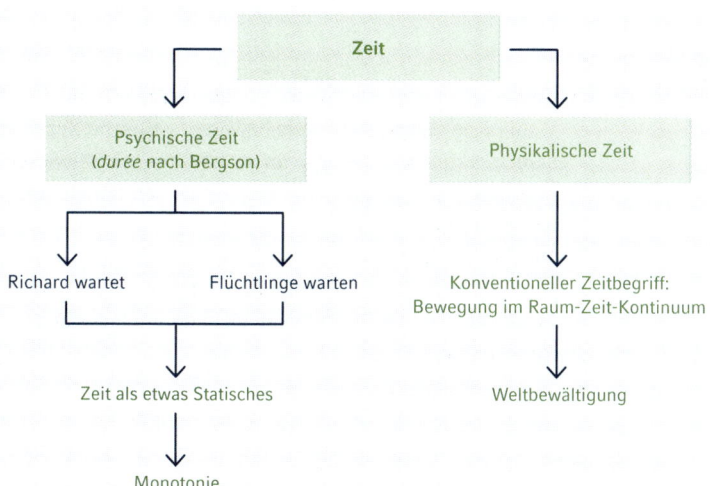

4. REZEPTIONSGESCHICHTE

ZUSAMMEN-FASSUNG

→ *Gehen, ging, gegangen* wurde von den Rezensenten sowohl positiv als auch negativ bewertet: Kritische Rezensenten rezipierten den Roman als literarisch misslungen und naiv, wohlmeinende Kritiker lobten den Roman als aktuell und reflektiert.

→ Die literaturwissenschaftliche Auseinandersetzung mit *Gehen, ging, gegangen* beginnt erst und ist eingebunden in die literarische Auseinandersetzung mit Flucht und Vertreibung.

Im Spiegel der Rezensionen

Von Sternburg: virtuos erzählt

„Das neue Buch von Jenny Erpenbeck liest sich angesichts des deutschen Spätsommers 2015 als Roman der Stunde"[50], befindet **Judith von Sternburg**, Literaturkritikerin der *Frankfurter Rundschau*. Sie lobt Erpenbecks Erzählen als „virtuos":

„Gelungen ist die unterschiedliche Form, in der die Gespräche mit den Afrikanern wiedergegeben werden. Dialoge, Monologe, Erzählungen, wenn Richard längst wieder in seinem normalen Leben daheim ist und an die Geschichte denkt (sie quasi nur indirekt, widerkäuend aushält).[51]

---

50 http://www.fr-online.de/deutscher-buchpreis/jenny-erpenbeck–gehen–ging–gegangen–jedermann-und-die-afrikaner,24520012,31836132.html
51 Ebd.

Hannah Lühmann von der Wochenzeitung *Die Welt* nennt *Gehen, ging, gegangen* einen „Roman zur Zeit" und die Figurenzeichnung Erpenbecks gelungen:

Lühmann: gelungene Figurenzeichnung

> „Erpenbecks Figuren sind immer so: präzise genug gezeichnet, um lebendig zu werden, doch immer so allgemein gehalten, dass sich jeder in ihnen wiederfinden kann. Um die Flüchtlinge als Individuen kenntlich werden zu lassen, muss sie von jeder wirklichen Individualität absehen."[52]

Der Rezensent der *FAZ*, **Friedmar Apel**, ordnet *Gehen, ging, gegangen* ebenfalls als „brandaktuell" ein. Für ihn bedeutet der Roman „reflektierte Unterhaltung":

Apel: reflektierte Unterhaltung

> „Obwohl diese Geschichten sehr bewegend sind, appelliert ‚Gehen, ging, gegangen' nicht vordergründig an das Mitleid des Lesers. Vielmehr bringt dieser Roman sehr reflektiert und durchaus unterhaltsam die Literatur als Medium des Verstehens zur Geltung, indem sich das Fremde und das Eigene als zwei Seiten eines Zusammenhangs erweisen."[53]

Sibylle Birrer von der *Neuen Zürcher Zeitung* hingegen bewertet den Roman zurückhaltend. Sie lobt Erpenbecks Faktenwissen und das erzählerische Vermögen, beim Leser Empathie zu erzeugen:

Birrer: nicht geglückt

> „Um ihren unwissenden Protagonisten in Richtung Erkenntnis (oder Handlungsbereitschaft) zu schicken, hat die Autorin selber

---

52 https://www.welt.de/kultur/literarischewelt/article145830887/Ein-Roman-als-Crashkurs-in-Fluechtlingskunde.html
53 http://www.faz.net/aktuell/feuilleton/buecher/rezensionen/belletristik/gehen-ging-gegangen-von-jenny-erpenbeck-13770081-p3.html?printPagedArticle=truepageIndex_3

gründlich recherchiert. Dies zeigt sich nicht nur im eingearbeiteten Faktenwissen, sondern auch in einer Vielzahl berührender Erzählmomente, in denen die afrikanischen Flüchtlinge Richard ihre Herkunft und Flucht, ihre Hoffnungen und Ängste sowie ihre Ratlosigkeit beschreiben."[54]

Für wirklich gelungen hält Birrer den Roman jedoch nicht:

„Doch verglichen mit Erpenbecks bisherigen, bis ins Detail austarierten Romanen wirkt ‚Gehen, ging, gegangen' zuweilen wie die Auslegeordnung für den Stoff, den die Autorin als erfahrene Rechercheurin und Arrangeurin noch bearbeiten will: ein brisantes Konglomerat aus Gesellschaftskritik, Zeitgeschichte, Milieustudie und Sozialreportage, durchwirkt mit Leitmotiven und poetischen Momentaufnahmen."[55]

Wolfgang Tischer vom Internetportal *Literaturcafé* äußert sich ebenfalls kritisch:

„‚Wenn Jenny Erpenbeck den Deutschen Buchpreis gewinnt', sagte mir mein Buchhändler in der vergangenen Woche, ‚dann wäre das eine politische und keine literarische Entscheidung.'"[56]

Tischer schließt sich der Meinung seines Buchhändlers an und kritisiert besonders die Figurenzeichnung des Protagonisten Richard:

„Richard steht im Roman für den DAL, den dümmsten anzunehmenden Leser. Richard ist kein Mensch, keine besonders tief

---

54 http://www.nzz.ch/feuilleton/buecher/gestrandet-in-der-warteschlaufe-1.18627304
55 Ebd.
56 http://www.literaturcafe.de/jenny-erpenbeck-gewinnt-den-deutschen-buchpreis-2015-nicht/

Auf überladenen Booten kommen die Flüchtlinge nach Europa.
© picture alliance / ROPI

herausgearbeitete Romanfigur. Er bleibt weitestgehend blass, hat jedoch die Aufgabe, in kindlicher Naivität nachzufragen, damit der Leser an seiner Stelle die Antworten bekommt."[57]

Dana Buchzik vom *Spiegel* ist in ihrer Kritik unmissverständlich: Für sie schielt Erpenbeck mit *Gehen, ging, gegangen* nur nach einem weiteren Literaturpreis:

---

57 Ebd.

„Das neue Buch der vielfach ausgezeichneten Erfolgsschrift-stellerin (‚Heimsuchung‘) zeigt, wie schlecht es um die politi-sche Literatur in Deutschland bestellt ist. Statt die Geschichten der Geflüchteten in den Vordergrund zu stellen, wird ‚Gehen, ging, gegangen‘ von einem Wohlstandsbürger dominiert, der sich weltoffen und aufgeklärt fühlt und die eigene, von Ressen-timents durchsetzte Ignoranz nicht bemerkt. Erpenbecks Roman ist ein klassischer Pressetitel, auf Feuilletons und Preisjurys zu-geschrieben; anders gesagt: auf Leser zugeschrieben, die sich in Richard wiederfinden werden."[58]

In der Literaturwissenschaft

Die literaturwissenschaftliche Auseinandersetzung mit *Gehen, ging, gegangen* hat erst begonnen.

Flucht, Ver-
treibung und
Exil

Am Lehrstuhl für Neuere deutsche Literaturwissenschaft der Friedrich-Alexander-Universität Erlangen ist der Roman im Kon-text „Flucht, Vertreibung und Exil in der deutschsprachigen Ge-genwartsliteratur" Gegenstand der akademischen Lehre. Alexan-dra Ludewig[59] untersucht die Hauptfigur von Erpenbecks Roman, den Bildungsbürger Richard, im gesellschaftlichen Umgang mit den Flüchtlingen: Sie interessiert dabei die Bürokratie von „Vater Staat", die die Flüchtlinge erfahren. Lydia Doliva hat bei ihrer Untersu-chung das Thema Grenzerfahrung und Angst[60] im Blick.

---

58 http://www.spiegel.de/kultur/literatur/gehen-ging-gegangen-von-jenny-erpenbeck-rezension-a-1050518.html

59 Ludewig, Alexandra: Jenny Erpenbecks Roman *Gehen, Ging, Gegangen* (2015). Eine zeitlose Odyssee und eine zeitspezifische unerhörte Begebenheit. In: Niemandsbuchten und Schutzbe-fohlene. Flucht-Räume und Flüchtlingsfiguren in der deutschsprachigen Gegenwartsliteratur. Hrsg. v. Th. Hardtke/ J. Kleine/ Ch. Payne. Göttingen: V&R unipress 2017, S. 269–287.

60 Doliva, Lydia: Grenzerfahrungen in Jenny Erpenbecks Roman *Gehen, ging, gegangen*. In: Narrati-ve der Entgrenzung und Angst. Das globalisierte Subjekt im Spiegel der Medien. Hrsg. v. Corinna Schlicht und Christian Steltz. Duisburg: Universitätsverlag Rhein-Ruhr 2017, S. 171–191.

5. MATERIALIEN

Die Flüchtlingskrise in Deutschland

2011 begann der Bürgerkrieg in Syrien und auch in Afghanistan war die innenpolitische Lage nach dem Sturz der Taliban im Jahr 2001 instabil. Die Menschen flüchteten über das Mittelmeer und die Balkanroute.

Seit 2013 verzeichnet die Europäische Union einen Flüchtlingszuwachs von über 600.000 Menschen.[61] Ausgelöst wurde dies durch den 2011 begonnenen Bürgerkrieg in Syrien und der instabilen innenpolitischen Lage in Afghanistan nach dem Sturz der Taliban 2001. Interessanterweise flohen die Menschen nicht, wie man aufgrund der Religionszugehörigkeit hätte erwarten können, in muslimische Länder, sondern überwiegend nach Europa. Einzig die Türkei und Jordanien waren zu Beginn der Migration das Ziel syrischer Flüchtlinge.

Flucht über das Mittelmeer und die Balkanroute

    Die Migranten kamen über das Mittelmeer nach Italien, wo sie in Lampedusa anlandeten, und auf die griechischen Inseln. Dabei ereigneten sich zahlreiche Havarien mit vielen Hundert Toten. 2015 zogen die Migranten auch über die westliche Balkanroute (Türkei-Griechenland-Mazedonien-Serbien-Ungarn), um bevorzugt nach Deutschland, Österreich und Schweden zu gelangen. Wegen des starken Anstiegs der Flüchtlingszahlen wurden im zweiten Halbjahr 2015 in Italien und Griechenland nicht mehr alle Flüchtlinge registriert und die meisten von ihnen durchgewunken, so wurden allein im August 2015 ca. 100.000 Flüchtlinge in Deutschland registriert.

Schließen der Balkanroute

61 http://ec.europa.eu/eurostat/documents/2995521/6751783/3-20032015-BP-DE.pdf

Aussetzen des Dublin-II-Verfahrens für Syrer

Ebenfalls im August 2015 kündigte der ungarische Regierungschef Viktor Orbán den Bau eines kilometerlangen Zauns an der Grenze zu Serbien an, um die Balkanroute zu schließen. Am 25. August ließ das BAMF (Bundesamt für Migration und Flüchtlinge) verlauten, dass das Dublin-II-Verfahren[62] für Syrer faktisch ausgesetzt sei:

„Dublin-Verfahren syrischer Staatsangehöriger werden zum gegenwärtigen Zeitpunkt von uns weitestgehend faktisch nicht weiter verfolgt."[63]

Die Folgen waren wie erwartet: „Zu Tausenden werfen die Bürger anderer Staaten ihre Pässe weg. Nun wollen alle Syrer sein. Syrer in Deutschland."[64]

Öffnung der Grenze durch Merkel

Auch Viktor Orbán verstand dies als Einladung und ließ Anfang September 2015 Tausende in Budapest gestrandete Flüchtlinge nach Österreich und Deutschland ausreisen. Angela Merkel, der im Juli 2015 ein kalter Umgang mit einem weinenden Flüchtlingskind vorgeworfen worden war, ließ die Flüchtlinge unter Missachtung des Deutschen Bundestages ohne Registrierung und Prüfung des Asylanspruchs nach Deutschland einreisen, um eine humanitäre Katastrophe zu verhindern[65]. Innerhalb weniger Tage kamen 20.000 Menschen ins Land. Die in München eintreffenden Flüchtlinge wurden von Deutschen begeistert empfangen. Der Begriff „Willkommenskultur" etablierte sich und wurde durch die Medien in die Welt getragen. Dadurch und durch Merkels Haltung er-

---

62 Das von einem Flüchtling erstmals betretene europäische Land ist für dessen Asylverfahren zuständig.
63 Mayntz, Gregor: *Merkels Entscheidung*. Rheinische Post vom 25. August 2016.
64 Ebd.
65 Vgl. http://www.zeit.de/2016/35/grenzoeffnung-fluechtlinge-september-2015-wochende-angela-merkel-ungarn-oesterreich/komplettansicht

mutigt, machten sich in der Folge Tausende von Flüchtlingen zu Fuß nach Deutschland auf. Im November 2015 wurden 205.101[66] Flüchtlinge registriert, die Anzahl der nicht registrierten Flüchtlinge ist unbekannt. Im Januar 2016 kehrte das BAMF zum Verfahren der Einzelfallprüfungen zurück.

Unter den Flüchtlingen waren inzwischen auch Afrikaner, überwiegend aus den Maghreb-Staaten Marokko, Algerien und Tunesien[67]. Besonders Marokkaner und Männer aus dem arabischen Raum attackierten in einigen deutschen Städten in der Silvesternacht 2014/2015 zahllose Frauen, am massivsten in Köln. „Kölner Silvesternacht" steht seitdem als Chiffre für eine verfehlte Flüchtlingspolitik und bezeichnet einen Wendepunkt in der Beurteilung der Merkel'schen Entscheidung, die Grenzen zu öffnen. Wegen weiterer zahlreicher Übergriffe auf Mädchen und Frauen durch Flüchtlinge, vor allem die Vergewaltigung und Ermordung einer Studentin in Freiburg im Oktober 2016 durch einen afghanischen Flüchtling und besonders die Ermordung von zwölf Menschen via LKW auf dem Weihnachtsmarkt am Breitscheidplatz in Berlin durch einen tunesischen Flüchtling im Dezember 2016 ist die „Willkommenskultur" einer großen Skepsis bis Wut gewichen. Angesichts einer als hilflos und überfordert empfundenen Regierung konnten sich rechte politische Gruppierungen und Parteien wie Pegida[68] und die AfD[69] etablieren.

Afrikanische Wirtschaftsflüchtlinge

Inzwischen ist die Balkanroute so gut wie geschlossen, so dass die Flüchtlinge wieder über das Mittelmeer Europa zu erreichen versuchen. Schlüsselland ist dabei Libyen, das nach dem Sturz Gad-

Schlüsselland Libyen

---

66 Mayntz, Gregor: *Merkels Entscheidung*. Rheinische Post vom 25. August 2016.
67 Dort gibt es schwierige ökonomische Bedingungen, keine Kriege.
68 Pegida: Patriotische Europäer gegen die Islamisierung des Abendlandes.
69 AfD: Alternative für Deutschland.

dafis im Chaos versunken ist und daher den Schleppern optimale Bedingungen bietet.

Rechtlicher Umgang mit Flüchtlingen in Deutschland

Was macht den Unterschied aus zwischen einem Flüchtling und einem Asylanten? Flüchtling ist man, Asylant kann man werden.

Flüchtling

Flüchtling ist, wer aufgrund seiner Herkunft, Religion, politischer Überzeugung oder seiner Zugehörigkeit zu einer bestimmten sozialen Gruppe Verfolgung fürchten muss. Dieser Mensch kann persönliche Sicherheit in einem anderen Land beanspruchen. Die Anerkennung wird vom BAMF ausgesprochen. Ist der Mensch anerkannter Flüchtling, ist er asylberechtigt.

Kontingentflücht-ling

Eine Variation des Flüchtlings ist der Kontingentflüchtling. Bei ihm handelt es sich um einen Flüchtling aus Krisenregionen, der nach § 23 des Aufenthaltsgesetzes aus humanitären Gründen aufgenommen werden kann. Einklagbar ist dies nicht. Erpenbeck geht auf S. 262 K/308 P darauf ein, indem sie Richard Ithembas Anwalt danach fragen lässt.

Asylbewerber

Asylbewerber sind solche Flüchtlinge, die einen Antrag auf Asyl gestellt haben, der vom BAMF individuell bearbeitet wird. Die Asylbewerber müssen begründen, warum sie in Deutschland leben wollen. Das BAMF beurteilt, ob ein Bewerber asylberechtigt ist, ob er den Status als anerkannter Flüchtling erhält oder nicht. Asylbewerber dürfen nicht arbeiten. Wenn sie drei Monate in Deutschland verbracht haben, erhalten sie einen eingeschränkten Zugang zum Arbeitsmarkt. Für bestimmte Asylbewerber entfällt diese Beschränkung, wenn sie in einem besonders nachgefragten Beruf ausgebildet sind. Auch darauf rekurriert Erpenbeck, so lässt sie Richard

Ithembas Anwalt nach einer solchen Möglichkeit für Raschid fragen
(vgl. S. 262 f. K/S. 307 P).

Hinsichtlich des Asylverfahrens gilt das Dublin-II-Verfahren. Im
Roman heißt es wie folgt:

„Zuständig für den Inhalt ihrer Geschichte ist einzig das Land, in
dem sie zum ersten Mal europäischen Boden betreten. Nur dort
dürfen sie um Asyl bitten, nirgends sonst. Wie dieses jeweilige Land
aber dann mit ihnen umgeht, ist nun einmal verschieden geregelt."
(S. 73K/S. 85 P)

Flüchtlinge werden nach ihrer Registrierung und dem Asylgesuch **Asylverfahren**
nach dem sogenannten Königsteiner Schlüssel auf die einzelnen
Bundesländer verteilt. Dort werden sie in Erstaufnahmeeinrich-
tungen untergebracht. Während ihres Aufenthalts erhalten Asylsuchende existenzsichernde Sachleistungen und einen monatli-
chen Geldbetrag zur Deckung der persönlichen Bedürfnisse im All-
tag.

Einem Asylantrag kann stattgegeben werden, er kann natürlich
auch abgelehnt werden. Ist der Antrag positiv beschieden worden,
erhält der Asylberechtigte zunächst eine Aufenthaltserlaubnis für
drei Jahre und eine Arbeitserlaubnis. Asylberechtigt sind politisch
verfolgte Menschen und jene, die ihrer Religion oder ihrer Homo-
sexualität wegen in ihren Heimatländern in Lebensgefahr sind.

Armut, Bürgerkriege und Naturkatastrophen sind keine aner- **Armut, Bürger-**
kannten Asylgründe. Hier kann eine provisorische Lösung in Be- **kriege und**
tracht kommen, nämlich der subsidiäre Schutz, der mit einer Auf- **Naturkatastro-**
enthaltserlaubnis in Deutschland für ein Jahr einhergeht. Bei einer **phen**
Einreise über einen sicheren Drittstaat ist eine Anerkennung als
Asylberechtigter ausgeschlossen. Davon sind Richards afrikanische
Freunde betroffen.

Ablehnung und
Duldung

Wird der Asylantrag abgelehnt, muss der Flüchtling Deutschland verlassen und kann abgeschoben werden. Gegen die Abschiebung kann der abgelehnte Asylbewerber innerhalb einer Frist klagen, was die Abgelehnten häufig tun. Bis zur Abschiebung oder für den Fall, dass eine Ausreise, beispielsweise aus gesundheitlichen Gründen oder wegen fehlender Papiere nicht möglich ist, sind diese Menschen „geduldet". Geduldete dürfen nach drei Monaten Wartezeit mit Genehmigung der Arbeitsagentur arbeiten.

Bürokratie

Angeblich wegen dieser rechtlichen Verfahrensweisen kam es zu zahlreichen Flüchtlingsprotesten in deutschen Städten, so in Nürnberg (2012), München (2013), Stuttgart (2013) und auf dem Berliner Oranienplatz 2012–2014.

6. PRÜFUNGSAUFGABEN MIT MUSTERLÖSUNGEN

Unter www.königserläuterungen.de/download finden Sie im Internet zwei weitere Aufgaben mit Musterlösungen.

Die Zahl der Sternchen bezeichnet das Anforderungsniveau der jeweiligen Aufgabe.

Aufgabe 1:**

Zeichnen Sie die Beziehung zwischen Richard und Osarobo nach. Belegen Sie Ihre Ausführungen mit entsprechenden Textzitaten.

Mögliche Lösung in knapper Form:

Die erste Begegnung zwischen Richard und Osarobo ist typisch für die Natur der Beziehung, wie sie sich später gestalten wird. Richard tritt höflich-verbindlich auf, Osarobo ist eher gleichgültig-abweisend: „Würden Sie vielleicht mit mir sprechen? Der junge Mann zuckt mit den Schultern. Verstehen Sie Englisch? Yes, sagt er, macht aber keine Anstalten, Richard eintreten zu lassen. [...] Richard sagt: Wollen wir hinausgehen, in ein Café? Der junge Mann zuckt wieder nur mit den Schultern." (S. 105 K/S. 121 f. P)

VERBINDLICH – ABWEISEND

Schließlich kommt es doch zu einer Art von Gespräch, das allerdings einem Frage-Antwort-Muster gleicht. Osarobo lässt Richard nicht an sich heran: „Richard scheitert an diesem Jungen. Aber es geht nicht darum, dass er scheitert. Es geht überhaupt nicht um ihn." (S. 109 K/S. 126 P)

Richard rührt Osarobos Verlorenheit und es keimen väterliche Gefühle in ihm auf: „Gibt es nicht irgend etwas, das du gern ma-

Vatergefühle

chen würdest, wenn du die Gelegenheit dazu hättest?, fragt er den Jungen, so als hinge für ihn selbst etwas davon ab, dass er den wieder ins Leben zurückholt, als verlöre er selbst irgend etwas, wenn dieser Junge aus Niger, den er kaum kennt, sich aufgibt." (S. 110 K/ S. 127 P)

Osarobo soll in Richards Leben eine Lücke füllen

Diese Beunruhigung Richards wird sich später erneut zeigen, so in jener Situation, in der er realisiert, dass Osarobo Berlin und letztlich auch Deutschland verlassen wird: „Bis Osarobo fortgeht, bleiben also nur noch sechs oder acht Wochen Klavierunterricht, denkt Richard und merkt wieder, wie Panik ihn anfällt." (S. 145 K/ S. 296 P) Osarobos Fortgehen bedeutet für Richard einen Verlust, denn er hat den jungen Afrikaner zu einer Art Sohn aufgebaut. In der Absicht, Osarobo zurück ins Leben zu holen, will Richard ihm die Welt der Musik eröffnen. Initiiert wird dies durch Osarobo selbst, der nach eigener Aussage gerne Klavierspielen würde (vgl. S. 110 K/S. 128 P). Richard als klassischer Bildungsbürger besitzt selbstverständlich ein Klavier und so lädt er Osarobo erfreut zu sich ein.

Musik als Lebenshilfe

Natürlich kann Osarobo nicht Klavier spielen und diesen Umstand nutzt Richard. Er beginnt Osarobo in die Grundzüge des Klavierspiels einzuführen, in das Klavierspiel im Besonderen und in die Musik im Allgemeinen (S. 171 K/S. 200 P). „Lange schon hat Richard mit niemandem mehr gemeinsam seine Musik gehört. Lange schon hat sich keiner mehr für diese Aufnahmen interessiert, die ihn begeistern" (S. 171 K/S. 201 P), heißt es im Roman. Mit Osarobo will Richard eine Lücke in seinem Leben füllen, Vehikel ist die Musik. Über die Musik will Richard Osarobo aus seiner seelischen Erstarrung lösen, wobei er allerdings einem gewissen Kulturimperialismus erliegt: „Wie das für so einen Jungen aus Niger wohl sein wird, wenn er zum ersten Mal in seinem Leben Bachs Pauken und Trompeten hört? Er setzt sich noch einmal an seinen

Computer und bestellt für das Weihnachtsoratorium im Dom zwei Karten." (S. 171 K/S. 201 P) Der so geplante Kulturtransfer lässt sich allerdings nicht realisieren, denn Osarobo hat andere Pläne.

Richard schenkt Osarobo ein Rollklavier, mit dem er „im Notfall damit auf der Straße ein paar Euro verdienen" (S. 185 K/S. 216 P) kann. Das ist der Realität geschuldet, in der Osarobo lebt und in der haben Kunst und Kultur keinen Platz. Richard kommt über ihn wie ein Wesen aus einer anderen Welt und so schaut er ihm nach, als er zum ersten Mal in seinem Haus ist und sich an einem Klavier wiederfindet (S. 130 K/S. 151 P). Zwar kommt er Richard in einer gewissen Weise entgegen und zeigt tatsächlich erste Fortschritte und Interesse an pianistischem Können, doch für ihn haben die Besuche bei Richard nicht die Bedeutung, die sie für Richard haben. Im Gegenteil, er nimmt die Verabredung erst einmal nicht ernst (S. 124 K/S. 145 P), was Richard enttäuscht und verärgert. Der hatte schon klare Vorstellungen über die Gestaltung des Umgangs miteinander: „Aber ein gemeinsames Maß festzulegen, ging es darum nicht in jeder Beziehung?" (S. 126 K/S. 147 P)

Fraglich ist auch, ob Osarobo sich bei Richard überhaupt wohlfühlt, denn als dessen Freunde Detlef und Sylvia kommen, flieht er beinahe aus dessen Haus (S. 211 K/S. 247 P). Als Richard mit Osarobo dann die Aufführung des Weihnachtsoratoriums besuchen will, ist Osarobo in Italien. Richard findet sich allein wieder. Nicht gewillt, Osarobo aus seinem Leben gehen zu lassen, lädt Richard ihn nach seiner Rückkehr aus Italien wieder ein. Wie einem Sohn erzählt er Osarobo vor der Reise nach Frankfurt von seiner wissenschaftlichen Arbeit und zeigt ihm sogar das Manuskript seiner Rede, obwohl Osarobo kein Deutsch lesen kann (S. 265 K/ S. 310 P). Was Richard Osarobo bietet, will dieser jedoch gar nicht haben.

> Osarobo fühlt sich Richard gegenüber nicht verpflichtet

Gretchenfrage[70]

Der Schlüsseldialog im Verhältnis beider ist jener, in dem Osarobo Richard fragt, ob er an Gott glaube, was Richard „eigentlich" verneint. Hier öffnet sich Osarobo verzweifelt: „Ich verstehe das nicht, wie jemand nicht an Gott glauben kann, sagt der Junge. Wenn du in Not bist, glaubst du an Gott. Life is crazy. Wenn ich krank bin, dann macht mich nicht das Krankenhaus gesund, sondern Gott. Gott hat mich gerettet, sagt er, mich hat er gerettet, aber die anderen nicht. Also muss er doch irgend etwas mit mir vorhaben, oder? Noch immer schaut er Richard an, mit einem gesunden Auge, und einem Auge, mit dem irgend etwas nicht stimmt, aber als Richard ihm keine Antwort gibt, sinkt er wieder in sich zusammen [...], verliert sich sein Blick wieder in dem unsichtbaren Gestrüpp, mit dem für ihn die Luft gefüllt ist." (S. 109 K/S. 127 P)

Osarobo bekommt keine Antwort auf seine drängenden Fragen

Richards Nicht-Reaktion lässt den Jungen wieder in seine Hoffnungslosigkeit zurückfallen. Osarobo begreift, dass er von Richard nicht die Hilfe erwarten kann, die er braucht. Keinen Zeitvertreib möchte er, sondern eine Antwort auf die Frage, ob sein Leiden einen höheren Sinn hat. Er nimmt von Richard, was er ihm gibt, ohne dem allerdings die Bedeutung beizumessen, die das alles für Richard hat. Vermutlich nimmt Osarobo von Richard auch mehr, als der ihm gibt, denn er weiß von Richards Reise nach Frankfurt und der Polizist spricht von einem „mit Respekt" (S. 267 K/S. 314 P) begangenen Einbruch.

Richard will nicht glauben müssen, dass sein „Ersatzsohn" der Einbrecher ist. Anstatt ihn bei der Polizei als Verdächtigen zu benennen, versucht er via Handy Kontakt zu dem Afrikaner aufzunehmen. Er läuft ihm also wieder hinterher, doch diesmal scheitert er. Osarobo entzieht sich mehrfach verabredeten Treffen, später geht er

---

70 Der Begriff „Gretchenfrage" stammt aus Goethes Drama *Faust I*: Die religiöse Margarete befragt den aufklärerischen Wissenschaftler Faust nach seinem Glauben. Analogie zu dem Gespräch zwischen Osarobo und Richard.

nach Italien zurück. So endet die Beziehung für den naiven Richard in einer großen Enttäuschung: „Richard weint, wie er seit dem Tod seiner Frau nie mehr geweint hat." (S. 275 K/S. 323 P) Für Osarobo hat es nie eine Bindung an Richard gegeben.

Aufgabe 2:***

**Erläutern Sie das Erzählverfahren der erlebten Rede in
Gehen, ging, gegangen.**

Mögliche Lösung in knapper Form:

Zunächst muss die literarische Moderne literaturwissenschaftlich eingeordnet und ihre Themen vorgestellt werden. Anschließend erfolgt die Einbettung des Erzählverfahrens erlebte Rede[71] in den Kontext der literarischen Moderne. Dann wird die Funktion und Wirkungsintention in *Gehen, ging, gegangen* dargestellt.

AUFBAU DER LÖSUNG

Der Epochenbegriff der Moderne ist auf der Grundlage neuer literaturwissenschaftlicher Forschung genauer definiert worden. Bis in die 80er-Jahre des 20. Jahrhunderts war die Begriffsbestimmung der Moderne unpräzise und ihre Datierung nicht verbindlich festgelegt, doch spätestens mit Beginn der Postmoderne ging diese Unverbindlichkeit verloren. Bis in die 90er-Jahre des 20. Jahrhunderts wurde in der literaturwissenschaftlichen Auseinandersetzung mit dem Phänomen der Moderne vor allem die Wende zum 20. Jahrhundert als Referenzpunkt betrachtet. Die Jahrhundertwende als moderne Epoche subsumiert hierbei literarische Strömungen wie Naturalismus, Impressionismus oder Expressionismus. Im Zuge aktueller Forschungen setzt der Literaturwissenschaftler Silvio Vietta (*1941) einen neuen Referenzpunkt, der die Ereignisse der Fran-

Literarische Moderne: Durchbruch von Individualität und Subjektivität

---

71 Vgl. auch Onlineaufgaben: www.königserläuterungen.de/download

zösischen Revolution von 1789 markiert. Die von diesem geschichtlichen Ereignis ausgehenden Erschütterungen initiierten nach Vietta die literarische Moderne als kritische Gegenstimme zum Primat der Vernunft. Die literarische Moderne ist demnach eine Makroepoche, die Mikroepochen wie Romantik, Realismus, Naturalismus, Impressionismus und Symbolismus, Expressionismus sowie Gegenwartsliteratur umfasst. Prägend für die literarische Moderne ist der Durchbruch von Individualität und Subjektivität, die als Selbsterfahrung des Subjekts und Erfahrung von metaphysischer Verlorenheit thematisiert werden.

Die erlebte Rede konstruiert Charaktere

Typisches Stilmittel der literarischen Moderne ist die erlebte Rede. Die erlebte Rede suggeriert die genaue Wiedergabe eines individuellen Denkens, eine Äußerung als Ausdruck eines individuellen Bewusstseins, weshalb sie als Mittel der Subjektivierung von Erzähltem angesehen werden kann. Die erlebte Rede ist immer mit einer Innensicht verbunden. Durch die Kombination von erlebter Rede und Innensicht konstruiert der Erzähler ein Charakterbild der Figur. Entscheidend ist hierbei, dass das Charakterbild nicht von einem allwissenden Erzähler präsentiert wird, wie es bei einem auktorialen Erzählen üblich ist, sondern sich durch Vermittlung via erlebte Rede im Kopf des Lesers konstituieren kann.

Mischung der Wahrnehmungen von Erzähler und Figur

Die erlebte Rede ist eine Figurenrede in der 3. Person[72], bei der der individuelle Stil der Figurenrede erhalten bleibt, da sich die unterschiedlichen Wahrnehmungen von Erzähler und erlebender Figur mischen. Wegen des Fehlens der verba dicendi bzw. verba cogitandi[73], sind Rede- und Gedankendarstellung nicht ausdrücklich signalisiert, weshalb erlebte Rede und Erzählerbericht ähnliche Erscheinungsformen aufweisen, allerdings gibt es typische stilis-

---

72 Der innere Monolog verwendet im Unterschied dazu die 1. Person. Abzugrenzen ist auch der Bewusstseinsstrom, wobei die Grenzen jeweils fließend sind.
73 Verben des Sagens und des Denkens.

tische Merkmale, anhand derer man sie erkennen kann, wie zum Beispiel emotionale Erregung signalisierende Interjektionen oder Idiome.[74]

„Den Mann, der unten im See liegt, haben sie immer noch nicht gefunden. Kein Selbstmord, sondern beim Baden ertrunken. Seit diesem Tag im Juni liegt der See still da. Tag für Tag still. Juni still. Juli still. Und jetzt, bald schon ist Herbst, immer noch still. Kein Ruderboot, keine kreischenden Kinder, kein Angler." (S. 10 K/S. 11 P) Diese Textsequenz ist kein Erzählerbericht, sondern via erlebter Rede die Darstellung von Richards Blick auf den See. Indikator zur Identifikation der erlebten Rede ist hier das Wort „kreischende".

Beispiel 1

Die nachfolgende Textsequenz zeigt, dass Richard noch nicht vollkommen in der bundesdeutschen Gegenwart angekommen ist, sondern Relikte der DDR in seinem Kopf herumträgt, so den Begriff „Kaufhalle": „Nachmittags nieselt es nur noch ein wenig, er steigt in sein Auto und fährt in den Supermarkt, *Kaufhalle* hieß das früher, morgen ist Sonntag, er darf nichts vergessen, fährt dann noch ins Landkaufhaus, wegen der übrigen Dinge." (S. 27 K/S. 31 P)

Beispiel 2

Die Anwendung der erlebten Rede spiegelt die Intention modernen Erzählens wider: Das Konzept einer geschlossenen Welt mit objektiven Wahrheiten wird aufgegeben zugunsten der Problematisierung von Identität in einer als krisenhaft empfundenen Welt. Die erlebte Rede schafft Momente der subjektiven Selbst- und Welterfahrung, die zugleich die Dekonstruktion einer vermeintlich objektiven Wahrheit bedeuten. Die erlebte Rede ist charakteristisch für die moderne Erzählkunst, deren gesteigertes psychologisches Interesse sich primär darauf richtet, Gedanken, Eindrücke oder Assoziationen der Figuren darzustellen und weniger Handlungsabläufe. Ihr Vorkommen ist also ein Indiz für einen Zeitstil.

Erlebte Rede als Zeitstil

---

74 Idiom: Eigentümliche Wortprägung.

Aufgabe 3:**

Zeigen Sie anhand geeigneter Textzitate den in *Gehen, ging, gegangen* dargestellten Umgang Europas mit Afrika.

Mögliche Lösung in knapper Form:

„Schnell, das Wasser ist schon lau,
ruft die Menschenfresserfrau,
fasst ihn nur geschwind, geschwind,
ruft das Menschenfresserkind." (S. 30 K/S. 34 P)

Imperialismus und deutsche Kolonien

Was in Paarreimen so putzig daherkommt, ist der europäische Blick auf Afrika im Jahre 1904. Er ist Ausdruck des Imperialismus, in dessen Verlauf die europäischen Großmächte und aufstrebende europäische Staaten wie Belgien und Italien sich Afrika einverleibten. Die Hochzeit des europäischen Imperialismus begann 1885 und endete 1906. In dieser Phase wollte auch Deutschland seinen „Platz an der Sonne", wie sich Bernhard von Bülow (1849–1929) auszudrücken beliebte, seinerzeit Staatssekretär des Auswärtigen Amtes. Der anfangs zögerliche Reichskanzler Otto von Bismarck erwarb 1883 und 1884 Gebiete in Südost- und Südwestafrika sowie Togo und Kamerun. Erpenbeck rekurriert darauf, indem sie die Entstehungsgeschichte der Kolonie Deutsch-Südwestafrika (dem heutigen Namibia) durch den deutschen Kaufmann Adolf Lüderitz schildert (S. 45 f. K/S. 53 P).

Verachtung und Gewalt

Ein weiterer Verweis auf die europäische Haltung gegenüber Afrika und das europäische Gebaren in diesem Land ist der Auszug des 1881 in der *Gartenlaube* publizierten Artikels über die geplante Saharabahn: „Bald wird die Welt von Neuem Gelegenheit haben, von den Tuareg zu sprechen, da der französische Minister das begonnene Werk mit Nachdruck fortzusetzen gedenkt. Wenn früher oder später der Plan einer Saharabahn verwirklicht werden und das schnaufende Dampfross als Rival des flinken Kameels auf dem Sande der Wüste erscheinen wird, werden wohl die Söhne der Wüste trübe Erfahrungen machen. Sie werden die Cultur aufhalten wollen, aber man wird ihre Angriffe mit wohlgezieltem Pelotonfeuer und Branntwein zurückweisen, bis sie wie die Indianer Amerikas ihr Land den Civilisirten überlassen." (S. 158 f. K/S. 185 f. P)[75]

In diesem Artikel manifestieren sich die europäische Verachtung und die Gewaltbereitschaft gegenüber den Afrikanern, gepaart mit fehlendem Unrechtsbewusstsein. Zeichen dieser Haltung sind auch die Staatsgrenzen, so heißt es im Roman: „Zum ersten Mal kommt ihm der Gedanke, dass die von den Europäern gezogenen Grenzen die Afrikaner eigentlich gar nichts angehen. Kürzlich hat er, als er die Hauptstädte gesucht hat, wieder die schnurgeraden Linien im Atlas gesehen, aber erst jetzt wird ihm klar, welche Willkür da sichtbar wird an so einer Linie." (S. 57 K/S. 66 P)

Willkürliche Grenzen

Ein weiteres Zeichen dieser hochmütigen Haltung ist die Häutung Angelo Solimans und die Zurschaustellung der ausgestopften Leiche im Kaiserlichen Naturalienkabinett in Wien 1796–1806, auf die Erpenbeck in *Gehen, ging, gegangen* verweist (vgl. S. 246 K/S. 288 f. P).[76] Dieses Tun ist für Erpenbeck symbolisch für den europäisch-rassistischen Umgang mit Schwarzen, die auf ihre Hautfarbe reduziert werden, was sie jeder Achtung und Rechte beraubt. Erpenbeck zeigt diese Reduktion eindrücklich in jener Textsequenz, in der sie auf biografische Stationen Angelo Solimans verweist (S. 246 K/S. 288 f. P). Tapferer Soldat, Fürstenerzieher,

Reduzierung auf die Hautfarbe

---

75 Peloton: Exekutionskommando.
76 Aktuelle Forschungen lassen vermuten, dass Angelo Soliman das Ausstellen seiner ausgestopften Leiche vor seinem Tod erlaubte. Siehe dazu http://www.bpb.de/gesellschaft/migration/afrikanische-diaspora/59412/angelo-soliman-18-jh?p=allfootnodeid_23-23

Freimaurer, mit Wolfgang Amadeus Mozart und Emanuel Schika-
neder bekannt, sechs Sprachen sprechend, Ehemann und Vater, ein
Mann der besten Gesellschaft, wurde er nach seinem Tod wieder
zu dem schwarzen Sklaven gemacht, der er einst gewesen war, so-
viel wert wie ein Pferd. In diesen Kontext gehört, dass Erpenbeck
Osarobo an seiner Haut ziehen lässt: „Tja, sagt der Junge, und zupft
an der Haut auf seinem Handrücken, als wollte er sich diese lästige
Hülle abziehen." (S. 108 K/S. 126 P)

Moderner Im-
perialismus der
Konzerne

Erpenbeck verweist auch auf den modernen Imperialismus. Zwar
kommt dieser nicht mehr so offensichtlich daher wie seine histori-
sche Variante, aber er entrechtet die Menschen nach wie vor, oft
begünstigt durch afrikanische Staatschefs mit Hang zu Nepotismus
und Korruption. Beispielhaft genannt werden soll hier das Vorgehen

Shell

des niederländischen Ölkonzerns *Shell* in Nigeria, der das Land der
Ogoni durch seine Ölförderung vergiftete und im Nigerdelta ein öko-
logisches Desaster anrichtete, und der nigerianischen Militärdiktatur unter Sani Abacha. Nicht daran interessiert, die Verhältnisse für
die Bevölkerung zu verbessern, ließ Abacha den gegen die innenpolitischen Zustände opponierenden Schriftsteller Ken Saro-Wiwa
und weitere Bürgerrechtler nach einem Schauprozess aufhängen.[77]

Areva

In *Gehen, ging, gegangen* verweist Erpenbeck auf das postkolo-
niale Gebaren des französischen Atomkonzerns *Areva* in Niger. So
wie *Shell* in Nigeria die Lebensgrundlagen der Ogoni zerstörte, so
zerstört *Areva* die Lebensgrundlagen der nigrischen Tuareg: „Und
während sie an Kiefern und Eichen vorbeigehen [...] erzählt Richard
seinen Freunden Detlef und Sylvia, die wahrscheinlich noch nicht
einmal wissen, wo genau Niger liegt, vom französischen Staatskonzern Areva, der das Monopol für die Minen hält und seinen

---

77 Dazu siehe https://www.theguardian.com/commentisfree/2015/nov/10/ken-saro-wiwa-father-
    nigeria-ogoniland-oil-pollution

Müll dorthin kippt, wo die Tuareg bisher ihre Kamelweiden hatten.
Und natürlich auch selbst leben, sagt er. [...]. Dort, sagt Richard,
ist das Trinkwasser inzwischen verseucht, die Kamele sind hin, die
Menschen kriegen Krebs, ohne zu wissen, warum – der Strom aber
fließt in Frankreich und hier bei uns, in Deutschland." (S. 155 K/
S. 181 f. P)

Auch in der Entwicklungshilfe spielt das alte Machtgefälle noch
eine Rolle, wie Erpenbeck darstellt (S. 127 K/S. 148 P). Repräsentant
des Postkolonialismus ist nach Erpenbecks Verständnis auch der
deutsche Afrikatourist, denn „den Deutschen gefällt auf der Safari
die Gastfreundschaft des Mohren" (S. 175 K/S. 204 P). Erpenbeck
spielt hier auf die Afrikareisen solventer deutscher Touristen an,
die Tiere der sogenannten Big Five (Elefant, Nashorn, Büffel, Löwe
und Leopard) entweder beobachten oder töten wollen und sich von
Schwarzen bedienen lassen.

Tourismus und Gastfreundschaft

Aufgabe 4:**

**Stellen Sie die in *Gehen, ging, gegangen* angerissenen
innerafrikanischen Konflikte und ihre Repräsentanten dar.
Belegen Sie Ihre Ausführungen mit Textbeispielen.**

Mögliche Lösung in knapper Form:

Eine Afrika betreffende fundamentale Wahrheit ist die Plünderung
dieses Kontinents durch Diktatoren und internationale Konzerne
(vgl. auch Lösung zu Prüfungsaufgabe 3). In Südafrika werden Dia-
manten und Gold exploriert, in Nigeria Erdöl sowie im Kongo das für
Mobiltelefone unentbehrliche Tantalerz Coltan.[78] Diese und andere

Tribalismus und Korruption

----

78 Durch die Förderung von Coltan im Kongo ist der Grauergorilla inzwischen vom Aussterben be-
    droht. Vgl. auch http://www.spiegel.de/netzwelt/mobil/rohstoff-abbau-handys-bedrohen-gorilla-
    bestand-a-549781.html

Bodenschätze werden seit Jahren gefördert, doch die afrikanischen Menschen profitieren nicht davon.

Macht

Die Staaten werden in der Regel von Stammesfürsten regiert, die sich an die Macht geputscht haben. Diese Leute sind an einem organisierten, funktionierenden Staat nicht interessiert, ihnen geht es allein um Machterhalt. Um sich das Wohlwollen ihrer sie unterstützenden Milizen und Clans zu sichern, verkauft diese „Elite" Abbaurechte für Rohstoffe und verschleudert die Einnahmen an ihre Unterstützer. Damit fehlt natürlich die Grundlage für den Aufbau eines funktionierenden ökonomischen und sozialen Systems, ein Begriff wie Staatsräson gibt es nicht, sie wird durch Korruption (vgl. S. 215 K/S. 252 P) und Tribalismus[79] ersetzt. So kommt es, dass die Bevölkerung in ihren an Bodenschätzen reichen Ländern darbt. Mehr noch, unterlegene Stämme initiieren Pogrome, so dass die Menschen massiver Gewalt ausgesetzt sind.

Islamisierung Nigerias: Opfer Raschid

In *Gehen, ging, gegangen* wird die Islamisierung Nigerias thematisiert und der daraus entstehende gewalttätige Konflikt zwischen den dort lebenden Moslems und Christen. Raschid ist der Repräsentant dieses Geschehens, er steht für den Konflikt zwischen den überwiegend christlichen Yoruba und den überwiegend muslimischen Hausa. 1999 wurde in zwölf Staaten Nord-Nigerias die Scharia eingeführt.[80] Dies führte zu Migrationsbewegungen der Christen und zu wiederkehrenden gewalttätigen Ausschreitungen, da christliche Gruppierungen sich zu wehren begannen. Raschid und seine Familie gehören zu den Opfern eines solchen Pogroms durch christliche Gruppen (S. 95 ff. K/S. 111 ff.).

---

79 Stammeswesen.
80 Die Scharia befürwortet körperliche Strafen wie Auspeitschungen, Amputationen und Steinigungen, die international als Folter geächtet sind. Vgl. auch https://www.igfm.de/nigeria/ein-jahrzehnt-scharia-in-nord-nigeria/

In einer Reihe von Anschlägen attackierte Ende Juli 2009 eine mi- *Boko Haram*
litante islamistische Gruppe mit dem Namen *Boko Haram*,[81] die eine
strengere Form der Scharia einführen möchte und westliche Bildung ablehnt, Regierungsgebäude, Polizeistationen, Schulen und
Kirchen im Norden Nigerias. In der Folge konnte diese Gruppierung
mehrere Regionen einnehmen, in denen sie Terror verbreitet. Nach
wie vor sind diese Islamisten aktiv, so entführten sie neben den für
solche Ideologen üblichen Massaker im April 2014 über 270 Schüle-
rinnen, von denen 21 im Oktober 2016 freigelassen wurden und 82
im Mai 2017. Erpenbeck erwähnt *Boko Haram* explizit (S. 215 K/
S. 253 P).

Ein weiterer in *Gehen, ging, gegangen* thematisierter Konflikt ist Aufstand der
der zwischen den Tuareg und dem nigrischen Staat. Repräsentant Tuareg
dieses Konfliktes ist „Apoll":

„Sag mal, wann genau bist du geboren?, fragt Richard.
'91, sagt Apoll.
Richard hat sich das schon gedacht.
Und in welchem Monat?
Am 1. Januar.
Acht Wochen nach dem Massaker zur Niederschlagung des Tuareg-
Aufstands in Niger, von dem er gestern seinen Freunden erzählt
hat." (S. 158 K/S. 184 P)

Das Bestreben nach Autonomie ist seit langem in den Tuareg- Staat *Azawad*
Gemeinschaften verankert. Es zeigte sich im Widerstand gegenüber
dem europäischen Kolonialismus, dann im Widerstand gegen den
postkolonialen Staat Mali. Im Jahre 1990 wurde erneut die Forde-

---

81 Boko Haram ist Hausa und bedeutet etwa „Westliche Bildung ist eine Sünde".

rung nach einem eigenen Staat *Azawad* (S. 215 K/S. 252 P) laut, als ein Großteil der Tuareg durch die Dürrekatastrophen und die Einschränkungen der nomadischen Lebensweise ihre traditionelle Lebensgrundlage verlor. Die daraus resultierende Unzufriedenheit führte zu einer Rebellion, in der sich die Rebellen in der MPLA (Volksbewegung für die Befreiung von Azawad) organisierten und gegen den malischen Staat auflehnten. Durch einen Angriff auf die Stadt Ménaka wurde die Kampfhandlung eröffnet. Weitere Siege der Rebellen gegenüber der malischen Regierung folgten. Den Gegenangriffen des malischen Militärs fielen viele Zivilisten zum Opfer, wodurch ein Großteil der Zivilbevölkerung mit den Rebellen sympathisierte und sich diesen anschloss.

Al Qaida   Ende 2011 trat mit der MNLA (Nationale Bewegung für die Befreiung von Azawad) eine weitere Rebellengruppe auf. Sie drang ab Ende 2011 über Niger nach Mali ein und brachte Gebiete im Norden des Landes unter ihre Kontrolle. Nachdem sie den Präsidenten Malis im März 2012 durch einen Militärputsch abgesetzt hatte, eroberte die MNLA innerhalb weniger Tage alle Städte im von den Tuareg als *Azawad* bezeichneten Gebiet. Im April 2012 rief die MNLA den unabhängigen Staat *Azawad* aus. Wenige Wochen später wurden ihnen jedoch die meisten ihrer eroberten Gebiete durch verschiedene islamistische Terrorgruppen, darunter Al Qaida wieder abgenommen. Auch auf dieses Geschehen verweist Erpenbeck (S. 101 K/S. 118 P).

Apoll   Zu den Opfern des Tuareg-Aufstandes in den 1990er-Jahren gehören vermutlich Apolls Eltern, so heißt es: „Zur Zeit seiner Geburt gab es Kämpfe. Vielleicht gehörten seine Mutter oder sein Vater zu denjenigen, die von nigrischen Soldaten unter Sand lebendig begraben wurden. Oder zerhackt. Oder bei lebendigem Leib verbrannt. Hier und da haben Leute solche Geschichten erzählt." (S. 58 K/ S. 67 P)

Ein weiterer in *Gehen, ging, gegangen* thematisierter innerafrikanischer Konflikt ist der 2011 beginnende Bürgerkrieg in Libyen, in dessen Verlauf der libysche Regierungschef Muammar al-Gaddafi (1942–2011) getötet und Libyen zu einem *failed state* mit zwei Regierungen wurde (S. 153 K/S. 179 P). Inspiriert durch den 2011 mit dem Aufstand in Tunesien beginnenden, sogenannten *Arabischen Frühling* kam es auch in Libyen zunächst zu Anti-Regierungsprotesten, die in einen bewaffneten Kampf gegen das autokratische Regime von Muammar al-Gaddafi mündeten. Die NATO unterstützte die Rebellen durch die Bombardierung von Tripolis. Darauf rekurriert Erpenbeck, indem sie Raschid Folgendes berichten lässt: „Fünf Tage waren wir in den Baracken, es gab Bombenangriffe der Europäer und wir hatten Angst, dass die Bomber das Camp, in dem wir gefangengehalten wurden, für ein Waffendepot halten.[...] Nach fünf Tagen mussten wir auf das Boot. Insgesamt etwa 800 Leute. Zair war auch mit dabei. The Europeans bomb us – so we'll bomb them with blacks, hat Gaddafi gesagt. Wir bombardieren Europa mit Schwarzen." (S. 203 K/S. 238 P) Neben Raschid und Zair repräsentiert auch Awad dieses Geschehen, denn auch er wurde aus Libyen vertrieben und auf ein Boot gejagt (vgl. 67 f. K/S. 78 f. P).

Bürgerkrieg in Libyen

LITERATUR

Zitierte Ausgabe:

Erpenbeck, Jenny: *Gehen, ging, gegangen*. Stuttgart: Klett Verlag, 2017. Zitiert als **K**.

Erpenbeck, Jenny: *Gehen, ging, gegangen*. München: Penguin Verlag, 2017. Zitiert als **P**.

Sekundärliteratur:

Apel, Friedmar: *Wir wurden, werden, sind sichtbar*. In: *FAZ*, 16.09.2015. http://www.faz.net/aktuell/feuilleton/buecher/rezensionen/belletristik/gehen-ging-gegangen-von-jenny-erpenbeck-13770081-p3.html?printPagedArticle=true#pageIndex_3 (abgerufen am 12.12.2016)

Birrer, Sibylle: *Gestrandet in der Warteschlaufe*. In: *Neue Zürcher Zeitung*, 10.10.2015 http://www.nzz.ch/feuilleton/buecher/gestrandet-in-der-warteschlaufe-1.18627304 (abgerufen am 12.12.2016)

Buchzik, Dana: *Trifft ein Berliner Professor auf Flüchtlinge*. In: *Der Spiegel*, 02.09.2015. http://www.spiegel.de/kultur/literatur/gehen-ging-gegangen-von-jenny-erpenbeck-rezension-a-1050518.html (abgerufen am 13.12.2016) → Kritische Rezension

Doliva, Lydia: *Grenzerfahrungen in Jenny Erpenbecks Roman Gehen, ging, gegangen*. In: Schlicht, Corinna (Hrsg.); Steltz, Christian: *Narrative der Entgrenzung und Angst. Das globalisierte Subjekt im Spiegel der Medien*. Duisburg: Universitätsverlag Rhein-Ruhr 2017, S. 171–191.

Frey, Thomas: *Jenny Erpenbeck: Von Flüchtlingen lernen*. In: *Focus online*, 02.09.2015 http://www.focus.de/kultur/buecher/literatur-jenny-erpenbeck-von-fluechtlingen-ler-

nen_id_4919001.html → Ein Interview zur Entstehungsgeschichte von *Gehen, ging, gegangen* und zum schriftstellerischen Selbstverständnis der Autorin
(abgerufen am 26.05.2017)

Lühmann, Hannah: *Ein Roman als Crashkurs in Flüchtlings-
kunde. Die Welt*, 31.08.2015. https://www.welt.de/kultur/
literarischewelt/article145830887/Ein-Roman-als-Crashkurs-
in-Fluechtlingskunde.html (abgerufen am 12.12.2016) → Artikel über die schriftstellerischen Fähigkeiten Erpenbecks und
die aktuelle dt. Literaturszene

Ludewig, Alexandra: *Jenny Erpenbecks Roman* Gehen, Ging,
Gegangen (2015). *Eine zeitlose Odyssee und eine zeitspezi-
fische unerhörte Begebenheit.* In: Hardtke, Th. (Hrsg.) u.a.:
*Niemandsbuchten und Schutzbefohlene. Flucht-Räume und
Flüchtlingsfiguren in der deutschsprachigen Gegenwartsliteratur.*
Göttingen: V&R unipress 2017, S. 269–287.

Naumann, Sebastian: *Jenny Erpenbeck: Flüchtlinge sind zu Freunden geworden.* In: *B.Z. Online*, 11. Oktober 2015. http://www.bz-
berlin.de/kultur/literatur/jenny-erpenbeck-fluechtlinge-sind-
zu-freunden-geworden (abgerufen am 16.12.2016) → Interview
zu Methodik und persönlichen Eindrücken Erpenbecks

Sternburg von, Judith: *Jedermann und die Afrikaner.* In: *Frankfurter
Rundschau Online*, 17.09.2015.

http://www.fr-online.de/deutscher-buchpreis/jenny-er-
penbeck–gehen–ging–gegangen–jedermann-und-die-
afrikaner,24520012,31836132.html (abgerufen am
12.12.206)→ Kurzanalyse des Buches mit Schwerpunkt
auf den Protagonisten Richard

Tischer, Wolfgang: *Jenny Erpenbeck gewinnt den Deutschen Buchpreis 2015 – nicht.* In: *literaturcafe.de*, 13. Oktober 2015.

http://www.literaturcafe.de/jenny-erpenbeck-gewinnt-den-deut-schen-buchpreis-2015-nicht/ (abgerufen am 12.12.2016)
→ Kritische Rezension

Wendland, Hans-Georg: *„Gehen, ging, gegangen" von Jenny Erpenbeck. Thematische Schwerpunkte, Figurenkonstellation, zentrales Motiv und Symbol.* Norderstedt, Grin, 2016.

Übergreifende Darstellungen – Literatur:

Butzer, Günter; Jacob, Joachim: *Metzler-Lexikon literarischer Symbole.* Stuttgart: J. B. Metzler'sche Verlagsbuchhandlung, 2008.

Hamburger, Käte: *Die Logik der Dichtung.* Stuttgart: Klett-Cotta, 1994.

Höffe, Otfried (Hrsg.): *Klassiker der Philosophie. Von Immanuel Kant bis Jean-Paul Sartre.* München: C.H. Beck, 1981.

Martinez, Matias; Scheffel, Michael: *Einführung in die Erzähltheorie.* München: C. H. Beck, 2007.

Pethes, Nicolas: *Kulturwissenschaftliche Gedächtnistheorien zur Einführung.* Hamburg: Junius, 2008.

Übergreifende Darstellungen – Geschichte:

Blume, Georg u.a.: *Was geschah wirklich?* In: *Zeit online,* 22.8.2016. http://www.zeit.de/2016/35/grenzoeffnung-fluechtlinge-september-2015-wochenende-angela-merkel-ungarn-oesterreich/komplettansicht (abgerufen 31.8.2017)
→ Informationen zur deutschen Grenzöffnung 2015

Mayntz, Gregor: *Merkels Entscheidung. Rheinische Post* vom 25. August 2016.

Mommsen, Wolfgang J.: *Das Zeitalter des Imperialismus.* Frankfurt am Main: Fischer Verlag, 1969.

Eurostat Pressemitteilung 53/2015 vom 20. März 2015

http://ec.europa.eu/eurostat/documents/2995521/6751783/3-
20032015-BP-DE.pdf (abgerufen am 16.12.2016) → Zahlen-
material (2014) zur Migrationswelle

Bundeszentrale für politische Bildung: *Angelo Soliman und
seine Freunde im Adel und in der geistigen Elite.* 30.7.2004.
www.bpb.de/gesellschaft/migration/afrikanische-diaspo-
ra/59412/angelo-soliman-18-jh?p=allfootnodeid_23-23 (abgerufen am 13.05.2017) → Information über Angelo Soliman

Linke, Denise: *Tausendundein Akt im Berliner Flüchtlingsdrama.* In: *Die Zeit online*, 17.9.2014. www.zeit.de/politik/
deutschland/2014-09/fluechtlinge-proteste-berlin (abgerufen am 13.04.2017) → Der im Roman erwähnte Artikel aus der
Zeit vom 17.9.2014

Schmickler, Barbara: *Asylbewerber, Flüchtlinge, Migranten –
was sind die Unterschiede?* In: *Die Tagesschau*, 7.8.2015.
https://www.tagesschau.de/inland/fluechtlinge-531.html (abgerufen am 13.04.2017) → Information zu den verschiedenen
Termini

Übergreifende Darstellungen (Libyen, Tuareg, Nigeria)

Bundeszentrale für politische Bildung: Libyen. 22.2.2016.
http://www.bpb.de/internationales/weltweit/innerstaatliche-
konflikte/54649/libyen (abgerufen am 18.05.2017) → Informationen zu den politischen Verhältnissen in Libyen

Kehne, Charlotte: *Die Tuareg Rebellion 1990–1996.(2015)*
www.afrikanistik-aegyptologie-online.de/archiv/2015/4111
(abgerufen am 15.05.2017) → Informationen über die Auf-
stände der Tuareg

Kolb, Andrea: *Wer sind die Tuareg? Konrad Adenauer Stiftung*,
4.2.2013. http://www.kas.de/wf/de/33.33435/ (abgerufen am

18.05.2017) → Informationen über Unabhängigkeitsbestre-
bungen der Tuareg

Ogbunwezeh, Emmanuel Franklyne: *Von Amina Lawal
zu Boko Haram: Ein Jahrzehnt Scharia in Nord-Nigeria
(1999–2009)*. Internationale Gesellschaft für Menschen-
rechte. https://www.igfm.de/nigeria/ein-jahrzehnt-scharia-in-
nord-nigeria/ (abgerufen am 17.05.2017) → Informationen
über die Islamisierung Nigerias

Wiwa, Ken: *Finally it seems as if Ken Saro-Wiwa, my father,
may not have died in vain*. In: *The Guardian*, 10.11.2015.
https://www.theguardian.com/commentisfree/2015/nov/
10/ken-saro-wiwa-father-nigeria-ogoniland-oil-pollution
(abgerufen am 13.05.2017) → Artikel zu Verhältnissen in
Nigeria

STICHWORTVERZEICHNIS